PFUNGWA DZINOVHIMA VADIWA

THOUGHTS HUNT THE LOVES

Jeton Kelmendi

Kuturikirwa muChishona/Translation into Shona by **Tendai R Mwanaka**

Edited by Tendai R Mwanaka

Cover: The Energy Man © Tendai R Mwanaka

Mwanaka Media and Publishing Pvt Ltd,
Chitungwiza Zimbabwe

*

Creativity, Wisdom and Beauty

i

Publisher: Tendai R Mwanaka

Mwanaka Media and Publishing Pvt Ltd *(Mmap)*

24 Svosve Road, Zengeza 1

Chitungwiza Zimbabwe

mwanaka@yahoo.com

www.africanbookscollective.com/publishers/mwanaka-media-and-publishing

https://facebook.com/MwanakaMediaAndPublishing/

Distributed in and outside N. America by African Books Collective

orders@africanbookscollective.com

www.africanbookscollective.com

ISBN:978-1-77906-490-5

EAN:9781779064905

DISCLAIMER

All views expressed in this publication are those of the author and do not necessarily reflect the views of *Mmap*.

Table of Contents

v

vi

ZvineMaererano NeVanyanduri/About Authors

Jeton Kelmendiis a poet, player, publicist, translator, publisher, a professor of university and academic. Kelmendi did a PhD in the "Influence of media in EU Political Security Issues". He is professor at AAB University College. His first book entitled: "The Century of Promises" *Shekulli i Premtimeve*, was published in 1999. To date he has published 14 original books, 27 other languages translations of his books, and he has translated 12 books of other authors, making him the most translated Albanian author. He has won several awards.

Jeton Kelmendi ndinyanduri, mutambi, mushambadziri, muturukiri, mutsikisi wemabhuku, uye mudzidzisi wepamusoro wepaUnivhesiti. Kelmedi akazoita digiri rokupedzisira zvidzidzo zveku Univhesiti re filosofi dokotera rezve «kukosha kwemapepanhau mumubatanidzwa we Yuropu panyaya dzematongerwo nedzekuzvidzivirira». Muzvinafundo wepamusoro pa univhesiti ye AAB ku Belgium. Bhuku rake rokutanga rainzi «Chiuru cheZvivimbiso» mugore rechiuri nemazana mapfumbamwe nemakumi mapfumbamwe anepfumbamwe. Kusvika nhasi uno akatsikisa mabhuku aakanyora gumi nemana, ake akturikirwa kumitaura makumi maviri nenomwe, uye iye akaturikira mabhuku evamwe vanyori gumi nemaviri kureva kuti ndiye munyori akaturikirwa kupfuura vose vekuAlbania. Akawanawo mikombe yakawanda.

Tendai Rinos Mwanaka is a Zimbabwean publisher, editor, translator, mentor, writer, visual artist and musical artist with close to 30 books published, more here: *http://www.africanbookscollective.com/authors-editors/tendai-rinos-*

mwanaka. He writes in English and Shona. His work has appeared in over 400 journals and anthologies from over 30 countries. Work has been translated into Spanish, Serbian, Macedonian, Albanian, Turkish, French and German.

Tendai Rinos Mwanaka mutsikisi wemabhuku wekuZimbabwe, mupepeti, muturikiri, mudzidzisi wekunyora, munyori, mugadziri wemifananidzo uye muimbi ane mabhuku anodo kusvika makumi matatu akatsikiswa, mamwe ari apa*http://www.africanbookscollective.com/authors-editors/tendai-rinos-mwanaka*. Anonyora neChirungu uye chiShona.Zvinyorwa zvake zvakatsikiswa mumabhuku evenyori emunyika dzinopfuura makumi matatu. Basa rake rakaturikirwa kuenda mumitauro ye Spanish, Serbian, Macedonian, Albanian, Turkish, Bengali, French newechiJerimani.

Nhanganyaya/Introduction

Pfungwa Dzinovhima Vadiwa muunganidzwa wenhetembo makumi mashanu neina dzaJeton Kelmendi dzichibva mumiunganidzwa miviri yake, *Pfungwa Dzinovhima Vadiwa* uye rokuti *Ndakagogodza Pfungwa Dzangu Pane Hwindo,* idzo dzandakaturikira kune mutauro mukuru wekuchamhembe kweAfrika, Shona, dzichibva mukuturikirwa kuChirunga. Asi nhetembo idzi dzakatanga kunyorwa dziri mururimi rwechiAlbaniya

Muunganidzwa uyu une nhetembo dzakadzama kunge pasi pegungwa, fungo dzehuzivisisi, kuziva kwepasichigare, maroto ezvekuda nyika yako, rudo rwakakwidziridwa patafura yakakura kukwira mudenga kunge paradhiso, fungo pamusoro pehondo (hondo dzekuBalkans dzemuchiuru chimwe nemazana mapfumbamwe akapfuura, kunyanyisisa honde yekunyika kwake, Kosovo), kurarama muhutapwa uye kuramba uchirwadziwa, kana kuti kushuvira kuda kubatanidza nyika yake kuti ive imwechete Albaniya…; kurukana kwekudisisa, pfungwa, kuzvidzora, zvakasarira zvinobudiswa kwatiri kuti tidye zviri mune muunganidzwa uyu wepamusoro.

Mumwe angabvunza kuti nei ndichida nhetembo dzokumabvazuva kweYuropu? Ndakagara ndiri muteveri wenhetembo dzakakosha dzokumabvazuva kweYuropu, ndinofunga nokuda kwokudzama kwohumunhu kuri munhetembo idzi, uye vanodurura chema dzekusuva nokuda kwemhirizhonga dzakawanda dzavakasangana nadzo muhupenyu hwakawanda , kubva kumazuva enyanzwi nyanduri nemipikicha Marc Chargal, Miklos Radnoti, Cyprian Norwid, George Gomori (mubhuku rake

Kupukuta Gumiguru), kuuya kune vanyanduri vatswa vandirikuverenga uye kuturikira mumaBalkans, Milutin Djurickovic, Zvonko Teneski, Jeton Kelmedi, unosangana nehumunhu hwakadzika huri mumazwi avo.

Pandakanyanyonanga mukuturikira uku kubudisa hudzamu, nokuti nhetembo zhinji dziri mumuturikirwa uye ndedzekudzika kwepfungwa haikona zvokurukana kwemazwi uye kune muverengi wechiShona achaverenga iyi miturukirwa iyi ndonovimba achanakidzwa nohudzamu hwepfungwa hwakaiswa mumuunganidzwa uyu.

*****

*Thoughts Hunt The Loves*is a collection of Jeton Kelmendi's 54 poems that comes from his two collections, *Thoughts Hunt The Loves* and *I Knocked My Mind Against The Window*, that I translated into Southern Africa's biggest language, Shona from the English translation. The original poems are in Albanian.

It has poems that are as deep as the ocean's bottom, philosophical ruminations, old wise insights, patriotic dreams, a love stage as high as the heavens, ruminations about the war (Balkan wars of the 1990s especially the author's country war, in Kosovo), living in exile and the constant ache, or drive to want to unite his country Albania to be one country...; it's a panoply of feelings, thoughts, reservations, residues that are brought up for us to devour in, in this magnificent collection.

Why Eastern European poetry? I have always been a fan of the Eastern European poetry conon, I think because of its deep humanity concepts, and they churn out these odes of grief because of the several crisis they have dealt with over several lifetimes, from the days of Marc Chargal's visual art, Miklos Radnoti, Cyprian Norwid, George Gomori (Polishing October), to the new poets I am reading and translating in the Balkans, Milutin Djurickovic, Zvonko Teneski, Jeton Kelmedi, you find this deep humanity invested in their works.

The focus of the translations is on meaning, as most of the poems are philosophical rather than lyrical and for a Shona reader reading these translation I hope they will enjoy the depth of thought invested in this collection

Kukuridzirwa/Endorsements

This poetry shows a being, a language, a world of size and eternity. He prefers to better propagate within his heart than in the exotic exterior world, filtering the intuition behind his characters. I repeat, his instant art is amazing in the workmanship he uses. His poems are rarely summarized several times in a few words. This is touching, due to its concerns and shortcomings.

Academician Athanase Vantchev de Thracym, France

Nhetembo idzi dzinoratidza munhu, mutauro, nyika yakakura uye narini. Murume uyu anofarira kupa zvakanaka mukati memwoyo pane kune kunze kusinganzwisisike, achipepeta honzereso dziri mune muzvinamutamba wenyaya dzake. Ndinodzokorora unyanzwi hwake hwechiriporipo hunokatyamadza mukuhushandisa kwaanohuita. Nhetembo dzemurume uye hadzina kudimburwa kakawanda mumazwi mashoma. Izvi zvinobata nokuda kwezvazvakakoshera uye zvazvisingagadzirisi

Academician Athanase Vantchev de Thracym, France

With inspirational flowers, words flowing and easy to translate, it has persistent literal effects that you can find in this volume. Jeton Kelmendi leads us to the twenty-first century, with a voice that is getting bigger.

Christopher Lawrence, England

Nokuda kwemaruva anokwidziridza, mazwi achiwerera zvinyoronyoro uye kuturikirwa kwakapfava, muunganidzwa uyu une honzereso dzepasi dzisingaperi dzaunoona umu. Jeton Kelmendi anotitungamirira kumakore emakumi maviri nerimwe remazana, neizwi ririkuramba richikura

Christopher Lawrence, England

PEJA MUAWA YECHISHANU RUNGWANANI

Ndakarinyorera baba vangu

Iri guta rakazorora
Vanhu uye husiku hwakarara,
Runyararo rwakaenda pazororo
Kubva mukurukutika kwane zuro,
Nenzira iyi, rungwanani rwunozviratidza muPeja
Iri guta richiburuka muAwa yechishanu mangwanani

Muzuva regumi nembiri muna Kubvumbi,
Haasi ose maroto anopakurwa zvakanaka
Umwe anorota nezvemwaka wepfumvudza,
Uye mumwewo anokwidibira zvose
Dzose ngano uye shuviro dzake dzose,
Kuzorara kubva nhasi asina zviroto.

Neniwo ndaiva ndakarara,
Zvakare ndichirota
Ndakaona baba vangu vachienda kure,
Kupinda musango iri
Kunyangwe aive mashambanzou kuenda kumakomo;
Baba vangu,
Vakagara vari shiri yomurirakamwe
Asi panguva iyi, zvaive zvakanyanyisa
Vaiva vajekeserwa
Kuti vayambukire nepazambuko rinobatanidza,
Pasi rino neimwe nyika.

Mu Rugova
Vanhu vanofa vane kugutsikana
Nokuti zvisikwa zvepasipano zvakavadzidzisa,

1

Baba vangu vaigarotaura izvi,
Pavaitaura nezvevemhuri yavo.
Vose vakaita basa,
Rohupenyu.
Vakazofamba pamusoro pemwoyo yavo
Uye vakava narini narini wose.

Ndinorangarira baba,
Munguva yose yavaiita basa ravo
Iro ravaiva vazvipa mugwazo
Vachifarisisa,
Uye vachifara zuva rose.
Vachifamba,
Raiva zuva rechishanu.
Uye baba vangu,
Vane runyararo rwavasati vamboita.
Vakagadzirira muzviroto zvavo,
Vakapinda mune kurara kusina maroto.
Nyika yababa ine rusununguko,
Vakaisiya mumashure
Kunyangwezvo nyika iya yaiva nezvinetswa zvisati zvagadziriswa,
Vana vavo vaiva pedyo navo.
Uku ndiko kukwidibira kwavakaita maziso avo
Vasina kutarisa hwaro hwerusvisvisvi rwemwaka wepfumvudza,
Baba!

Yowe, mwaka wepfumvudza!
Uyu mwaka wakaisvonakisisa
Unowanzobvisa hwaro hwechokwadi kubva mune zvezuva nezuva
Asi munguva iyi wakatora,
Baba vangu
Kubva nhasi narini tichararama,
Tisina kushuvirira zvakanyanya

Tine ndangariro dzakawanda, ngano dzakawanda,
Zvose zvichawanzurudzwa
Kuita kufungidzira kuchava kushoma,
Nokuti baba vedu havasi pano narini.

Zuva regumi nembiri muna Chikumi mugore rezviuru zviviri negumi nenhatu, Prishtina.

PEJA AT FIVE IN THE MORNING
For my father

The city is asleep;
People and the night were sleeping
Silence was taking a break
From the exhaustion of the previous day;
Just in this way, the morning unraveled in *Peja*
The city was descending at five in the morning.

On April 12,
Not every dream is easy to share.
Someone dreams of spring,
And someone else was closing everything
All stories and desires for himself,
To sleep from now on without dreams

I have also been asleep
Even dreaming,
I saw my dad going away
Into the forest,
Even though it seemed early to go to the mountains;
My dad,

3

Has always been an early bird
But this time, it was very early
He was awake,
To pass over the bridge that connects
This world with the other one.

In *Rugova*
Men die with pride
Because nature has trained them,
My dad always used to repeat this,
When he spoke about his family members,
They did all the work
Of life,
Then marched over the hearts
And became eternal.

I remember dad,
Every time he did his work
That he had allotted for himself,
Was delighted
And happy all day
Was walking;
It was Friday,
And my dad
Silent as never before,
Ready in all his dreams,
Entered in the sleep without dreams,
A free fatherland
He left it behind,
Although his country had many lingering challenges,
His sons were close to him:
This is how he closed his eyes,
Without looking at the green spaces of spring

Father.

Oh, Spring
This gorgeous season,
Always takes the meaning away from rhetoric,
But this time it took
My father,
From now on we will live
With more longing,
With more memories, more stories
Everything will be multiplied,
Only suggestions will be less
Because our father is not here anymore.

June 12th, 2013, Prishtina

SHUVIRO DZANGU MUCHAMERIYA

Hapana zvinofadza kupfuura kudzoka
Murimi achidzoka kuminda yake
Akatenderedzwa nohudzamu hwehupenyu
Ndinoona anerufaro Chamana weku Filati
Kunge vanhu vari muminda
Vachidzoka kumakuva amadzitateguru avo
Ndinoda kugwabvura
Epuro dzvuku ndiri muChameriya
Kunyangwezvo ndichaenda naro, asi mberi ndichasimudza
zvikwawo
Ndichambokutarisa kwenguva yakati kuti
Iwe unokurukura nziyo ye Dardania

5

Nyenyedzi nziyo
Dzepamusoro pemwoyo uyu unotendera

Pandichapetenura muviri wangu kuzendamira
Rimwe zuva ndisingawanyanure hembe dzangu, ndisinganete
Uye vagari vemuChameriya vachauya kwandiri, huyai pamberi
Tinokugamichirai vakoma vedu muChameriya, Albania

Ko chiiko nokuva nemidzi mirefu
Epuro rangu remuChameriya…
Michero isati yashata

Hapana chinotakura kurwadziwa kukuru-
Ninga dzomwoyo wangu dzinozviziva izvi
Kunge maroto asingaperi,
Nzira yokugadzira wanano ipapo
Ngatidyare ramangwana netariro.

Volos, Girisi, musi wegumi nerimwe Chivabvu mazana maviri negumi nenhatu

MY WISH IN CHAMERIA

There is nothing better than coming back
The farmer returns to his field,
Surrounded by the meaning of life
I see the cheerful çamman[1] from Filati.
Like people in their own land
Return to the graves of the forefathers.

---

[1] A man from Cameria, an Albanian land in Greece.

I want to bite
A red apple in Chameria
At least I'll take it with me, but later pick up the oar,
I'll have to look awhile for you
Who narrates the song about Dardania,
Sound Stars
All about this devoted heart.

AsI stretched my body obliquely
One day without getting my clothes wrinkled, without getting stuck
And the Chams come to me, come forward,
Welcome our brother in Chameria, Albania.

What's with the deep roots
My apple in Chameria ...
Fresh fruits.

Nothing carries a greater pain—
My soul knows this most—
As the perpetual dream,
How to make a wedding there?
Let's plant the future with hope.

Volos, Greece on May 21, 2013

HUYA PEDYO PEDYO

Ndiudze mazwi aunoziva
Mazwi andinoda
Mukumbidzanwa kubva kune mumwe mutauro,
Anosvika pagonhi romuromo wako
Ini ndinovhura ninga dzepfungwa dzangu kunge bhuku,
Rakakoshesesa
Kuti ndidzidze chirungurira,
Chirimurudo

Ndakatomirira munguva ino
Kunge zuro, kunge nhasi
Kunge mangwana
Wataura mazwi aya, saka
Huya pedyo neni.

COME CLOSER A BIT

Tell me the words you know
The words I love
Burrowed from another language,
Arriving at your lips.
I unfold the soul as a book
Holistic,
To learn the tartness
Of love.

I'm waiting now
Like yesterday, like today

Like tomorrow
You have spoken the words, so.

Come closer to me.

RUZHA

Zuva rinoratidza izwi raro
Kune zvakahwandiswa
Zvokugarisana.

Kudengenyeka kwepfungwa
Kwaratidzwa pachena
Nyakuzvinzwa mukura wanhasi
Mutongi wematongerwo enyika X.

Pakati pokuseka kwemaziso ake
Iyi nguva
Inopepeta kuchenesa
Maoko ayo,
Apo pakati peidzi
Nhau
Vanonyepa vanobvisa
Chokwadi ichi neruzha
Mazwi ake, mazwi, mazwi
Ose manyepo.

NOISE
Day revealed its voice
To our secret
Tranquility.

Shaky thoughts
Made public
Today's greatest egoist
Politician X.
Between his laughing eyes
The time
Shakes its unclean
Hands,
While in the middle of this
News
The false crosses
The truth with all this noise
His words, words, words
All untrue.

RUDO MUNGUVA YEHONDO

Dzimwe nguva ndoda kuti zviitike
Munezvakasiyana
Zvinhu izvi
Somufananidzo, ndinoshuvira mhute yechando yakasimba kuti
inditenderedze,
Kusvika muganhu wenyika wakugona
Kuyambukwa,
Kuti ndipfure paye pokutangisisa
Apo mwedzi mishoma yapfuura
Pandakaona mhandara
Yaive nebvudzi rakamonyanamonyana,
Kungomuona chete

Mushure mazvo kwakurota nezvake,
Ndokuwira murudo.

Asi mukupera kwazvo
Iyi ihondo iyi, uye hatizivi
Kwatakananga
Zuva nezuva kurwa norufu
Idzi ngano idzi dzokuti
Mumwe uye mumwezve
Akawira murusununguko,
Kana kuti dzimwe nhau,
Dzakaita sokuti muvengi
Akaurahwa
Izvi taizviita zuva nezuva.
Kana kuti,
Kungave kugoverana mashoko neshamwari
Kuti murume uyu anoda rudo
Munguva yehondo.
Iyi shamwari ichifunga kuti wakapusa
Asi kunyangwe mukurwa kwakanyanyisa
Murwi haafi akaregedza kufunga nezverudo
Izvi ini ndakazvinzwira ndega mandiri.

Munguva yehondo
Mwari anoziva
Pachasvika kupera kwayo,
Pamwe
Haisi nguva inehwaro hwerudo,
Nguva ine kudzimbikana kwayo
Asi, dai kurikuti munhu wose anorima
Rufu,
Ndianiko achazokohwa rudo?

11

Nyanduri anofunga
Kuti kudanana kwakadzama
Kunozvarwa munguva yehondo,
Pamwe,
Pamwe, nokuda kwokupfuridzira fungidziro
Dzenyaya iyi yomubhaibheri,
Kana
Kuti nyaya dzamazvo dzemukurumbira
Dza Lorca na Hemingway,
Chaizvo
Rudo ndeimwe hondo,
Ihondo yakakurisisa
Kana hondo yakarebesesa
Kupfuura dzimwe hondo
Asi zvombo zvayo
Ndezvimwewo:
Mwoyo, ninga dzepfungwa uye bonde

Ini ndakauya
Uye ndikaenda
Kusvika pakati penzvimbo yakakwidziridzwa
Paiva nehondo
Uri kuiona zuva nezuva
Hupenyu chaihwo hwavekuratidzika kuti hwavekusvota zvikuru:
Uku ndiko kutanga kwezvakaitika
Pfungwa dzangu dzaiva dzakanganiswa,
Apo
Nokuda kwokufara ndaiva ndakagadzirira
Kamwe karudo pamusoro perudo

Ko izvi zviroto here kana kuti kuputsa zviroto?
Nhasi
Ndine chokwadi kuti mumwe

12

Achandibvunza,
Asi, zvichishamisisa
Izvi zvakaitika
Kwemakumi pfumbamwe nepfumbamwe uye ndakagona kufa
Kechimakumi mapfumbamwe nepfumbamwe
Pasina hondo,
Kutanga kwenguva yerudo
Hakuna anokufungidzira,
Chete kungoti pane rudo uye hondo.

Munguva yepakati pohusiku
Mwedzi wakanganwa
Kubuda kunze,
Murwi wehondo anodzoka, anobva
Kune mamwe matunhu,
Munguva yehondo, panenge pane rudo
Hondo inoenderera mberi…

Mwedzi weMbudzi mugore rechiuru nezamazana pfumbamwe anemakumi pfumbamwe nepfumbamwe, mune imwe nguva muhondo yeKosovho

LOVE IN A WAR TIME

Sometime I want them to happen
Differently
These things
For example, I wish a heavy fog surrounded me,
Until the border is easily
Passed,

To pass there first of all
Where a few months ago
I saw a girl[2]
With curly hair,
Only seeing her
And later dreaming about her,
I fell in love.

But in the end,
This is war, and we don't
know the future
Every day fighting with death
These stories that
Someone or another
Fell for freedom,
Or other news,
Such as the enemy
Was destroyed
These are daily routines.
Perhaps
Even to share with a friend
That he desires love
In a war time,
That friend will think you are stupid
But even in the fiercest firefights
A soldier will never stop thinking about love
I have experienced it in myself.

In a time of war
God knows

---

[2]In Albanian, we call a "girl" a young lady.

When the end might come,
Perhaps
Neither time has space for love,
Time has its toll
But, what if everyone would plant
Death,
Who would be harvesting
Love?

A poet thinks
that the greatest loves
Are born in times of war,
Perhaps,
Perhaps, by exceeding the imagination
Of a biblical story,
Or
Even the most illustrious stories
Of Lorca and Hemingway,
Simply
Love is another war,
It's an infinite war
Even the longest war
Than any other war
But its weapons are
Something else:
Heart, Soul and Sex.

I came myself
And went
Right to the center of stage.
There is war
You looking at it, day after day

Life is becoming even more boring:
this is how it started
My mind was confused,
While
With happiness I was ready
For a little more love.

Is this a dream or an anti-dream?
Today
I am sure if someone
Would ask,
But, surprisingly
It happened
99 times and I have been able to die
The 99th time.
Without war,
How the time of love begins
Cannot be imagined,
Only that there is love and war.

Late at night
The moon has forgotten
To come outside,
A soldier has returned, departs
In other frontlines;
In a time of war, when there is love
War continues…

November 1999, sometime in the War of Kosov

SIMBA REZVISINGAITIKE

Mberi chete mukati menzira isinakusimira
Zvakawandisisa zvakapetwa kaviri kuda kumudzora
Iwe usamire pakusamubatsira
__Tomas Tranströmer, Nobel Prize 2011

Mukushamisika
Kuri kure sei uku kubatana kuri pedyo

Handionekwi kunyangwe maziso
Achitarisa pasi rimwe nerimwe
Midzimu inobatana
Kunyangwe pfungwa dzisingasangane

Ndinogona kuzvibatsira
Kugara pedyo, iwe wakanditarisa
Ndinoziva, wakukanganwa, nemazvo
Hauchandinditeerere

Ndinonamatira chinyakare chezvinoitika
Kusaitika kwokushaya simba

Zviroto uye shuviro zveimwe tsanangudzo
Yakawaridzwa mune zana rezvokuita zvimwe
Apo pfungwa dzako dzinenge dzichifunga
Hwaro hwezvisingaitika huri kukunga simba

Mazita maviri
Anobatana nemavara maviri
Iwe unofanira kudzoka mukati mako
Kunyangwe zvisingaitike zvine,

Zvakawanda zvokuita
Zvinouya zvichienda
Zvinhu zvakasiyana zviviri:
Zvikonzereso uye kushaya kwezvikonzereso
Uye ini ndinodzoka mandiri
Wakasimba zvikuru mune zvisingaitike
Kubuda;

Ndirikuda kubuda mandiri
Kudzimara zvauya neni
Dzimwe nguva zvinoenda
Dzimwe nguva zvinosvika
Mukuitika, kwohuroyi
Huri mune kutendera kwose
Mune zvinobatwa, kunge muviri yose pamwechete
Iri mudenga
Zvaiva zvayaruka.
Zvicharamba zviri zvidiki
Pamberi perudo rwandinarwo
Kunewe, kwandiri
Uye iva unozvibvuma
Bvuma kuti zvinoitika, kana kwauri
Ndezvipi zvingataurwe zvakanaka?

Pakati pegumha rako
Rova musoro wako
Buda kubva mauri
Kubva mune zvisingaitika
Zhambatata mazwi ako
Pfunga dzako
Sezvo dziri dzako
Ndinokuvimbisa kaviri
Kwandiri nokwauri;

Nhasi achava mangwana
Zuro achiva nhasi
Usanonokera nzira yako
Chokwadi chava maroto

THE POWER OF THE IMPOSSIBLE

Only forward in the barely naked road
Ampleness is twice to stop her walk,
Do not stand by.

—Tomas Tranströmer, Nobel Prize 2011

Surprisingly
How distant is this close contact.

I am not seen even when eyes
Are descending one after another;
Spirits are connected
Even when thoughts are not met.

I am able to help myself
Stay this close, you are looking at me,
I know, you are forgetting, completely
You are ignoring me.

I pray for the tradition of the possible
The impossible of the impotent.

Dreams and desires for another meaning
Are spread in one hundred options,

19

While your mind is imagining
Impossible elements are taking power.

Two names,
Connect with two words.
You must return inside yourself,
Even the impossible has its own,
Options,
They come and go
Two different things:
The reason and the lack of reason,
And I return inside myself
You are more powerful in the impossible
Emigration;

I want to escape from myself
Until it comes with me,
It departs sometimes:
Sometime it arrives
A possibility, of evil
In every religion;
A material, just like all bodies together
In the sky
It was grown,
It will remain small
In front of the love that I have
For you, for myself
And become convinced,
Trust the possibilities, or even yourself
What must be said better?

In the middle of your forehead
Hit your head,

Escape from yourself,
From the impossible;
Scream your words
Your thoughts
Since they are yours,
I promise you twice
For me and for you;

Today becomes tomorrow,
Yesterday becomes today,
Do not delay our journey
The truth is becoming a dream.

KUSHUVIRA

Ndinofunga urikunditeera
Nzendo refu dzekufunga
Mangwanani ose
Mauro akanaka
Basa rangu nderokubhabhatidza mabvakure
Apo pane zvinoonekwa nezvisingaonekwi
 Zvichaongororwa zvinoenderana
Anonditevera kunge mumvuri unotevera muwiri
Womira uri mukati mangu
Munondirangarira here baba
Mazwi ake anondigutsa
Uye ndichirikungoita
Ndinonzwa pedyo
Kurwadzikana
Zvakare
Usandisiye ndiri ndega
Mukuunganidzwa kwokusava nomutandadzi

Sezvo zvakare murume uyu achanditevera
Munziri dzokutereka dzohupenyu hwangu
Zvakare kutanga mazwi okupedzisira
Kubvira pokutanga
Zvinhu zvose
Zvinoganhura kudya kwemangwanani nohusiku
Kushuvira
Anorangarira kuenda kwake
Kunge rimi remoto
Uye iri rokutema:
«Zvakanaka, mazuva matatu; murume
Kupfuura mazana matatu ezvinoteverana»[1]
Ndinotevera chitengeswa ichi
Kubva pachakatangira musi wegumi nembiri muna Kubvumbi[2]
Mapango emiti anovirukira hupenyu
Hwakawanda sei hupenyu hwandinahwo

Zuva regumi neshanu mwedzi waChivabvu mugore rezviuru zviviri negumi
netatu, Brussels

1. chirahwe chokufananidza kuva nohunhu kwakafanana nokusa
nohunhu
2. musi wegumi nembiri muna Kubvumbi : musi wakafa baba
wangu

LONGING
I think you're following me
Long journeys of thoughts
Every morning,
Modest evenings.
My purpose is the baptism of the aliens,
Where the visible and the invisible

Will be treated fairly.
He follows me like the shadow follows the body
And stops right in me,
You remember me my Father,
His words convincing
And I still do
I feel the intermediate
Disgust.
Moreover
Do not leave me alone
In my collective loneliness
Since he even follows me
Down roads of my life
Even begins the last words
From the beginning.
Everything
That separates breakfast from night
nostalgic,
He remembers his departure
Like a phoenix
And the order:
"Better, three days, man
Than thirty series."[3]
I follow that commodity
Since its roots on April 12,[4]
The branches stretch life
How Much I Have Life.

---

[3] Popular expression for comparing dignity with indignity.

[4] On 12 April, my father died.

ZVINORATIDZA KUTI MWEYA

Kunyangwe pasina chinosara,
Asi ita izvi : ifa nokumuka!-
Hausi muenzi akadzimbikana
Pano pane pasi rakakura
_ J.W. Göte

Nzendo zana dzinoita
Apo paunosangana neminana
Kunze kwekune zvisingaitike
Mumwe mukana
Oneso mbiri dzinosangana

Chidimbu chengano, chidumbu chenyanzvi
Zuva shomanana, mwedzi wakawanda
Takaenda tikaenda,
Tikave vechokwadi

Kutendera
Kuti izwi remuninga dzepfungwa
Kubva nhasi ratora nzira,
Mazuva achatevera mamwe
Unoziva, mudiwa,
Usarambe wakanyarara mune ramangwana

Ko kanganiko
Kandakadaidza zita rako
Iro rinoita kuti mazwi ave ngirozi,
Ngirozi yangu
Paunoramba wakanyarara
Taura nomutevedzeri wako iye achandiudza

24

Zvimwe zvakawandisa

Idzi ndidzo pfungwa dzirimuninga dzepfungwa

SYMPTOMS OF SPIRIT

While nothing else remains,
Do this: Die and rise! -
You're not just a sad visitor
On this scattered earth.

—J. W. Göte

One hundred trips do
Once the miracles meet you
Other than the impossible
An opportunity,
Two views merge into each other.

It's a half-story, semi-legend
Less solar, more lunar
We went and went,
We became more real.

Believe (Besa)[5]
Our Word of the Soul
Since today took the road,

---

[5] Besa in Albanian means believe. This expression is
unique to Albanian.

25

The days follow each other
You know, dear,
Do not remain silent tomorrow.

How many times
I call your name
It angelizes the words,
My angel
Whenever you keep silent,
Talk to the mimic who tells me
Much more.

These are the thoughts of the soul.

MUKADZI WOKUTANGA PAKUFUNGA

Iva wakapusa, asi dzidzira kuva mbwende
Asi usiri pamberi poruzhinji
Usatya: uchararama nokuva neraki
_Paulo Coelho

Ndiri pamutsetse wokuva mumiririri muhurumende
Pfungwa dzangu
Dzinopishanisa nezvenguva
Uye mazuva ari kufamba

Wokutanga
Anosimuka otaura nezve-

26

Kutonhora kuri kuita mwaka wechando
Ndinofanirwa kutora chimwe
Nokuti kutonhora kwacho kwandipinda

Mumwe wacho
Anogunun'una nezvekuimba
Kweshiri
Idzo dzisichingachateereri nezve-
Kuwungura kwemakomo

Pfungwa idzi chena
Dzinozvibvunzisisa dzega
Aiwa, hazvisizvo
Chokwadi, ndizvo
Chokutanga, mukadzi wokutanga pakufunga

Mukupera kwekukakavadzana
Muhurumende uku
Ini ndakasarudza zvandaida pasina kuzvidzora
Wakatora vhiri reninga dzepfungwa

Haiwa huya
Kudzimara wasvika
Iwewe chete
Ndipo patichataura
Ndakagara muhurumende ndakakumirira

THE FIRST LADY OF THINKING

"Be stupid, but learn how to be foolish
Without being in the spotlight,
Do not worry: you will survive and be lucky."
—Paulo Coelho

Lined up as MPs in Parliament
My thoughts
Debates for the time
And the days that flow.

One
Raises and speaks for
This winter's cold weather,
Must take something
Its freezing passed through me.

The other one
Complains about the tweets
birds,
They are not listening now about how long
Mountains bump.

That white thought
Polemicizes itself:
No, it's not.
Yes, it is.
Present, first lady of thought.

At the end of the session
plenary

I vote unanimously
You take the wheel of the soul.

Come on now
Until you arrive
Only you
Then we talk
I'm sitting there waiting you.

ZVIPENENGURO ZVERWENDO

Usiku hwanhasi pakupera kwahwo
Muzuva ramangwana rokufara
Kusere kwamangwana
Zvakare umwe husiku
Ndave pedyo newe
Ini uye iwe tichiroto nezveumwe
Uye ndiko kufamba kwenguva
Tinoiverenga nguva
Muzuva nohusiku

Tinotarisira kuva pamwechete
Tichimhanya kubva matiri
Saka nguva ichitarisa kwatiri
Apo inounganidza rwendo rwuri pakati pedu
Zuva nehusiku

Hupenyu uhu, pfungwa dzako nedzangu
Pano, ini uye pfungwa dzako

Ndiani arikuverenga mazuva
Usiku hwanhasi, tava nohusiku umwechete kuva pedyo
Pedyo mupfungwa
Zvichave umwe nomumwe
Zvinoratidzika seiko
Iwe neni, mudiwa wangu
Tine nyika yedu
Yakasiyana nedzimwe nyika

Brussels, musi wemakumi mavira muna Chikumi mugore rezviuru zviviri negumi nembiri

ABBREVIATION DISTANCE

Overnight tonight
The happy day of tomorrow,
Beyond tomorrow
Again another night,
I'm closer to you.
I and you dream each other
And so time is going,
We count it
Days and nights.

We look forward to each other
As we run away from ourselves,
So the time is looking at us
As it measures our distance
Day and night.

There lives, you and my thoughts
Here, me and your thoughts

Who is counting the days,
Tonight, we are one night closer
Closer to thoughts
How everybody should be
How does it look,
You and me, my dear
We have a world
Completely different.

Brussels, 20 June 2012

KUBHABHATIDZA KWOMUNINGA DZEPFUNGWA

Nzwimbo inofanirwa kubvuma nguva
Hazvifanirwa kuitika zvakasiyana izvi kana vanhu vachidanana
—Odysseus Elitis

Kupirwa gotsi nemitemo nomirawo
Gadzirira
Kuti ndichatarisa kwauri nemboni ruvara rwedenga
Uye nokukubata
Ndichataura izwi
Uye kukuroverera
kunge Kirisitu
Kukubapatidza nemazita maviri
Ose rangu nerako
Uyu hupenyu.

Nezita rokutanga
Ndichabapatidza nguva,
Nezita rechipiri

31

Pfungwa dzichisvika patiri
Munguva ino
Iwe uri pfungwa dzako
Uye mupfungwa idzi
Uri nguva yako

Ndinoda
Zuva kuti ridoke kuseri
Kwokuzvarwa kwangu
Robuda pakati pedu
Uye rodonha
Kure kwako

Ini newe pamwechete tichayambuka
Iyo nzira
Uye toenda kune mumwe munda
Kwatichange tichimirira imwe dzokororo here?

Jublijana, musi wemakumi matatu muna Kurume gore rezviuru zviviri negumi neimwe

32

BAPTISM OF THE SOUL

A moment will accept also the time
It does not have to happen differently when people love.
—Odysseus Elitis

Ignored by laws and rules
Get ready
That I look at you with blue eyes
And capture you:
I say a word
And to nail
As Christ,
To baptize with two names
Both mine and yours
It's life.

With the first name
I baptize the time,
With the second one
Thoughts approaching us:
This time
You are your own thoughts
And in these thoughts
You're the self-time.

I want
That the sun to set beyond
My birth
Rise between us
And go down
Beyond You.

Me and you together cross over
The path
And we go to another field
Where we are waiting for the sequel?

Ljubljana, on March 23, 2011

IZWI ROKUTI AMAI

Izwi iri
Kutangira ose
Mazwi
Ayo ndakadzidzira mumutauro weAlbanian
Kunaka kwazvakava
Zvazvinoreva

Amai ndiro
Izwi rakanyanyonakisisa iro
Munhu achange achitaura
Rine dudziro mbiri
Ndizvo zvatinoziva tese
Ndozvatinonzwa
Uye tichataura nezverufaro
Uye nezvekuva mudambudziko
Uye dudziro yaro
Kwandiri ndoyokuti
Hupenyu ndiyo njere yokutanga

Mune zvizhinji zvandinorangarira
Vakandidzisisa mazwi akawandisa ipapo
Kuchikoro uye mukurarama
Asi kwandiri
Amai
Rakaramba riri izwi guru
Rinoisvotapira
Uye rakanyanyokoshesa

Zvakakosha kupfuura zvese
Kuwana hupenyu

THE WORD MOTHER

The word
The first of all
Words
That I learned in Albanian,
How beautiful it has been
The meaning.

Mother is
The most beautiful word about which
one can be talking.
It has two meanings:
That's what we all know
What we hear
And we mention about joys
And when we are in trouble,
And its meaning for

Me is
Life in the first sense.

As much as I remember
They taught me a lot of words then
School and life,
But for me
Mother
Remains the biggest word
The sweetest
And the most important.

It is better than anything
To gain life.

HUYA PARUTIVA PANGU

Kuva nefungidziro kwakafanana
Nokutara nedaramuvara rezuva pamusoro pezvaunoita zuva nezuva
—Ruth Mayer

Nepapi pose
Kufanana newe zvakanyanya
Ndiko kukushuvira
Ndinogona kutaura pfungwa dzose
Idzo dzandinadzo kwauri
Asi handina kuzara zvakare
Dzora kutarisa uku
Uye pimha zvose zvinogona kuitika
Pamwe
Femo rangu chete
Ndiro rinogona kukunzwisisa
Kufanana kwazvakaita zvose

Iwe
Unotevedzera shuviro dzangu
Kuva mutungamiri weninga dzepfungwa pakati pedzimwe ninga
dzepfungwa
Idzo dzangu;

Kana kuti
Shuviro yakafanana newe
Iri mukutarisa kwangu kwauri
Umo muchakura dzimwe pfungwa
Tiri kure nokure, kuresa
Mudiwa wangu wandakafana naye;

Kutı tıpımhe kwedu,
Kusawirirana:
Vimba nezvauri
Ndichange ndiri pavharidziro yeninga dzepfungwa

Kukunda rusvisvi rwerunyararo
Gara kure
Parutiva rwangu,

Ko ndiani asingaone
Kufanana kwedu?

Kukadzi musi wemakumi maviri nenhanhatu mugore rezviuru zviviri negumi nembiri, Brussels

COME ON MY SIDE

> *To imagine means*
> *To draw a daily rainbow on your daily routine*
—Ruth Mayer

Somehow
Very similar with you
Is my desire;
I can say all my thoughts
That I have for you
But I'm still incomplete.
Tame this look
And measure the possibilities,
Otherwise
Only my breadth
Knows how to understand you

How similar all of you are.

You
Are imitating my desire
Becoming a leading soul among the souls
Of mine;

Or
Desire is identically like you
In my look for you,
There will grow even more thoughts.
We are far away, very far
My dear similarity;

To measure our
Differences:
Trust yourself
I will be at the gate of the soul.

Overcome the fence of silence
Stay away
In my side,

Who would not distinguish
the similarities?

February 26, 2012, Brussels

NDANGA NDICHIFAMBA NZIRA YAVAMWE

Donha murudo nepfungwa dzauchivenga rimwe zuva
Uye venga nepfungwa dzauchazodonha murudo nadzo
—Bias De Priène

Usanonoke!
Nguva dzinongofambira mberi
Kunge varwi veuto
Usiku hwakanganisa
Nzira dzomudhorobha,

Runyararo runogugudza gonhi rangu,
Ini handimo mumba nhasi
Ndabuda panze
Ndaenda kure kure,
Kure nepamba
Kure neni,
Kure neni,

Nhanho.
Nguva inofanirwa kudzikunda
Uye ndiri ndega zvangu,
Zvinhu zvose zvinoitika nokuda
Kwazvo,

Ndini chete ndiri munzira
Yevamwe;
Ndichienda kwandiri
Handione chitsuri chayo,
Husiku hwarasa nzira yangu
Nguva yakawanda ndazviudza

Kuneni
Usanonoke!
Husiku hwakaipa

Chiiko chandada?
Ndeupi wandirikutarisira?
Wandichagoverana neni
Kutinhira kwepfungwa
Zvakafanana neni
Zvakadaro:

HOOO...zvirikutanga kutangira
Runyararo
Uye ndinoziva,
Ini ndaiva chiroto
Mudiwa wangu;

Musiri mumaroto handikuwane
Ndepapi pawakahwanda
Musaridzwa:
Mudenga ripi rawakahwanda?

Husiku ramangwana
Ndichasvika kuva
Nenguva shoma dzokugutsikana kurara newe,
Nhasi ndafamba ndega
Munzira dzavamwe,

Brussels, zuva rokutanga mwedzi waGunyana mugore rezviuru zviviri negumi nembiri

I HAVE WALKED ON THE ROAD OF OTHERS

Fall in love with thoughts that one day you will hate,
And hate with thoughts that one day you will fall in love

—Bias De Priène

Don't be late!
The hours go forward
Just like soldiers,
Night has complicated
The streets,

Silence knocks at my door,
I am not inside today
Have gone outside
And far away,
Away from home
Away from myself,
Away with myself,

Distances.
Hours to overcome
And I am alone,
Everything goes in its own
way,

Only me on the way
Of the others;
Depart towards myself
I don't see its roof,
Night has lost my road.

42

Many times I have said

To myself
Don't be late!
Night is horrible.

What have I loved?
Who am I looking for?
I share with myself
The rhythms of thoughts
Are similar to me,
Somewhat:

HOOO…It's beginning early
Silence
And I understand,
I have been a dream
My love;

Nor in a dream will I not find you
Where did you hide
The traces,
In what sky are you sleeping?

Tomorrow night
I will come to have
A few hours of vagabond's sleep with you,
Today I have walked alone
In the roads of others.

Brussels, September 1ˢᵗ, 2012.

RUDO RUNE HUPENYU HUVIRI

Tinotaura nemazwi
Tinorufananidza nemwenje
Zviuru nezviuru zvedudziro
Ngatibude panze
Runotipinda rurimunziyo
Munhetembo
Mune zvisinganzwisisike
Runoita zvinzwisisike

Simba reose
Mashiripiti
Harukure.
Mukadzi uyu haakure
Haaonde
Tirikuuya
Runongosangana rwoudza,

Rudo rune hupenyu huviri
Rumwe rwakaita kunge isu
Rwaiva chishongedzo
Kukura
Runorara mune mumwe
Rwomuka rwave mune mumwe
Iva
Murume anorarama zvese
Zvinonzwisisika zvinhu

Haurarami
Hupenyu hwake mukadzi

Mutsetse washandurudzwa
Mududziro
Vanhu vanopimha simba
Kuona kuva netariro
Ndosaka ndichirufarira

Hupenyu hune ruviri, rwudo,
Rumwe rune shungu
Rumwe rwacho
Harundivengi

Sarayevo, zuva remakumi maviri nerimwe muna Kurume mugore rezviuru zviviri negumi nembiri

LOVE HAS TWO LIVES

We say in words,
We compare it with light:
Thousands of meanings
Let's get out.
It enters us through songs,
In poetry
All ambiguities
Make sense.

Power of all
miracles
Ageless.
She does not get old,
Not thin,
We're coming
It only meets and conveys.

Love has two lives:
One like ours,
It was like magic
Great.
Sleep in one
And wakes up to the other
Be.
He lives both,
More sensible thing

Doesn't exist.
Her life
Line transformed
In the meanings:
Humanity measures the power
Seeing is hope,
That's why I like it.

Life has two, loves,
The one with the will,
The other
Do not hate me.

Sarajevo, March 21, 2012

MAFUNGIRO AKAKANGANISWA

Muviri wake
Kapfungwa kasina hasha dzakawanda
Ako kanouya
Uye kanondigara mumabvunzavaeni
Mushure mokunorara

Kanorira zvakanaka
Kunge husiku hwatafarira
Kachikasikira
Uye nokukasikira takabuda
Mune mumwe,

Ruchivirukira
Pfungwa dzinotisunga
Dzinotora pfungwa dzangu
Dzinondimanikidza
Kusakuda zvakare
Nguva
Kunge kanguva kekutanga kadiki kechipiri

Lazdraki
Kunge kamwana kadiki tsvuvuramuromo
Pfungwa dzinoratidza
Mukadzi anondidzinga
Norudo rwako

Aha pfungwa, kufunga kwakanganiswa!

A SPOILED THINKING

High body
A mild thought
That comes
And it occupies me in the evenings,
Just before bedtime.

Sounder
Like the night that we loved
Faster
And quickly we left
Each other.

Wilder
A binding thought
That takes my time,
It forces me
To love you one more
Time
Like that first minute.

Lazdrak
Like a bad kid
A reflective thought
She flips me
With your love.

Ah thought, spoiled thinking!

APO PANOGARA IZWI ROKUTI NDINOKUDA
kumusha ndiko rudo chairwo
(« Zvaiva Albania ndizvo zvayaiva uye ndizvo zvichaitika- mugore rechiuru
chimwe nesere rezana nemakumi mapfumbamwe nemapfumbamwe »)
—Sami FRASHËRI

Kubva muguruva
Umo mune midzi yohupenyu
Pamwe kuenderera mberi;
Apo pasina izwi, hapana runyararo
Kumberi kwepfungwa
Apo panosangana mikana
Zvinoenda mberi kuseri kwesimba
Mudzimai uyu izwi
Rakadzama

Izwi rokuti rudo rinobuda
Kubva muropa, kubva muninga dzepfungwa
Uye kubva kure…

Rinotidzidzisa
Kubuda kunoita hupenyu
Pakurwisana kwaro nokuwerera kwerudo
Saka ndazvinzwisisa
Nyika yababa-
Rudo pane rumwe rwese rudo
Gore rino tinopemberera gore rezana
Rokupemberera
Zana remakore apfuura
Kuzvarwa ku Vlora
Hure rakakotama
Tsvuku nedema

Asi rudo kwariri
Rwakakurisa kupfuura kare
Kutangira zvakatikomberedza zvose

Saka dzimwenguva rwuchidzidziswa
Rungano rwevara rudo

Kune nguva mbiri
Apo tinenge tiri vapenyu
Yokutanga, inguva yezuva
Uye imwe yacho
Inguva yokuda

Pane rudo rutatu
Urwo rwekuda Albania
Rumwe rwokuda hupenyu
Kwozouya rwokuda musikana wako

Mumwedzi wembudzi tinopemberera
Rudo rwangu

WHERE THE WORD LOVE LIVES
Homeland is love itself

("What was Albania what it was and what will be done" - 1899)
—Sami FRASHËRI

From the dust
Where life has its roots,
Maybe even farther;
Where there is no word, no silence
Beyond thought
Where the opportunities meet?
They go far beyond their powers,
She is deeper
Word.

The word love stems
In the blood, in the soul
And beyond ...

It teaches us
How life can spring
By clashing with its flow,
Then I get it
Fatherland -
Love above all loves,
This year we celebrate the hundredth
Anniversary,
One hundred years ago

Born in Vlora[6]
A crouching slut
Red and black,
But love for it
Much longer before,
Earlier than all the overlays.

So somehow it is taught
The story of the word love.

There are two times
That we live:
One, the time of day
And the other
Time of love.
There are three loves:
That for Albania,
One for life,
And the other for the girlfriend.

In November we celebrate
My love.

---

[6] Vlora is the city in Albania, where independence was declared in 1912.

52

ZITA RENYENYEDZI
Ndera Bekim Fehmiu

Akapa rwizi chivirirano
Lum Bardh, ruri ku Prizren
Uye rwakatanga hupenyu
Murumwe uyu akatora ndangariro naiye
Muhupenyu husingaperi, muviri Albaninian
Rune mwenje mumweya
Uye mweya uyu uchipfuura nomumawungira
Akavhakacha kuenda kudenga rezvifananidzo
Kudzimara ava iye nyenyedzi
Yedenga iri

Rimwe zuva
Afadzwa nezvinhu zvose
Akakanda maziso ake kuzuva
Uye mhoswa yake:
« Ndanzwa nenyota muninga dzepfungwa dzangu »
Uye akabva aenda ku Prizren,
Uko kwakapihwa vimbiso
Akava guruva rokumatenga
Akaenda kune mamwe mahombekombe
Arbri
Kudzikana asvika kwokupedzira

Saka hupenyu hwakabhatidza nyenyedzi

Brussels, zuva regumi nembiri munaChikunguru gore rezviuru zviviri negumi nerimwe

THE NAME OF A STAR
For Bekim Fehmiu

He gave the river covenant
Lum Bardh, in Prizren
And it started over life.
He took the memories with him
For ethnicity, the Albanian Trunk
With the Light in the Spirit
And the spirit through the waves
He traveled to the heavens of art,
Until he became the star itself
Of this heaven.

One day
When satisfied with it all
He released his eyes to the Sun
And his offense:
"I'm thirsty in my soul."
Then he went to Prizren,
Where the trust was given
He became cosmic dust
And he went off to the shores
Arbri
Right to eternity.

So life baptizes the stars
Brussels, 12 July 2011

ZVOKUSHANDISA ZVEDU ZVANDAKATANGA IKOKO

Kugomo kune mweye uri kufuridzwa
Zvimwe zvisaridzwa zvasiyiwa kumwewo
Usiku huviri hwematsutso uye tsvodo dzedu
Kutsva kusvika kusaonekwa

Kubva zuva iroro kusvika nhasi
Ko mingani mweya uye husiku
Hwapfuura
Uye zvinhu zvedu zvakare
Zvandakatanga ikoko

Mumweya umo waivumburuka
Kuramba ruri ndangariro
Dziri mupfungwa
Uye madokero arasika
Vakatarisana mumwe nomumwe
Meso nomeso
Rimwe gomo riri kuseri
Semutsigiri kune kuitika uku
Kwezvekuenderera mberi
Ane mweye wengirozi unjenjema
Asi pano tinochengeta zvokwadi zverumwe
Rudo
Uye rwiyo rwarurikuimba

Apo nepapo
Chiperengero chokufema chiri pakati
Uye izwi rinoenderera mberi :
Apo kakoma ako karipo
Apo ruri rudo urwu

Tsvaga husiku hwako uye itsva
Sangano

Sweden musi wegumi neina muna Zvita mugore rezviuru zviviri
nepfumbamwe

OUR RESOURCES I FOUNDED THERE

To the hill where the breath is blowing
Some traces left somewhere
Two autumn nights and our kisses
Burning beyond oblivion.

Since that day and today
How many spirits and nights
Have passed,
And our things again
I found there.

In the spirit where it was rolling,
Remaining memory
In mind
And the missing evening;
They looked at each other
Face to face.
The other hill beyond
As a witness to a process
Of the resumed,
With a brilliant angelic spirit
But here preserves the nature of one
Love

And the song that it should be singing.

Here and there
A comma in the middle
And the word goes on:
While that hill is there
Where it was,
Find out your night and our new
Meeting.

Sweden, on December 24, 2009

ZVIYERESWA

Kanganiko kandinonzwa nezvekufa kwemunhu munyika yangu
Chimwe chidimbu changu chichifa
—Ibrahim Rugova

Kubva kumunhu wokutanga
Uye pano,
Izwi romumwe rinonzwika
Rimwezve izwi
Zvichaitika zvakava nenzira
Yakasiyana
Nzira dzakasiyana,
Chete mirawo yakafanana
Nokuita uku tikafamba mumakore
Uye zviuru zvemakore zvakapfuura
Kuizwi reizwi
Nyika yababa

57

Uri izwi ruzha
Rinodzoka kune vana vemuAlbania
Kuna Adhamu naEvha
Munguva iyi
Pasi pedu pana satani
Pamusoro pana mwari
Tinotenda mwari, akatisimudzira
Pano;
Kutaura kwaiva kwokuti
Chakagadzirwa chaparara
Vara uye izwi
Yave nguva yorusunguko ruri kuuya
Zviyereswa zvakarurama
Zviri seri kwezviyereswa

Brusells, musi wegumi nembiri mwedzi waChivabvu mugore
rezviuru zviviri nepfumbamwe

MYTHICAL

How often do I hear about the death of a man in my country,
a part of mine dies.
                    —Ibrahim Rugova

Since the first man
And here,
Someone's voice is heard
Other one the word,
Foreshadow had the path
Different,
Different directions,
Only the same rules.

In this way we travel through the years
And thousands of years have come
To the voice of the word
Fatherland.
That loud voice
Returns to the Albanians,
To Adam and Eve
All this time
Below we had the devil,
Above God-
Thanks for God, he brought us up
Here;
The saying was,
The made is done
Word and voice
It's time for liberty to come,
Mythical essence
It's beyond mythicism.

Brussels, 12 May 2009

TINOSANGANA IKOKO

Ngatingozorore ikoko
Pamusoro pepfungwa, pakati penyenyedzi
Pamusoro pezvishuviro zvedu

Apo, ko ndeipi nzwimbo iyi
Tinotarisa mumwe nomumwe mumaziso

Ndinoziva rwendo rurefu
Ndinoenda newe uri pasi pokuchengetedza
Nemwenje yezuva, kufamba wega
Hazvibvumidzwe

Ko matenga akazara here, uye matenga makuru akazara
Achava matenga akatimirira murujeko rweupenyu
Mudiwa, tanga kuenda tanga nokuenda kwauri

Tichasangana ikoko
Ngatifambe pamwechete muhupenyu hwedu

Musi wemakumi maviri nepfumbamwe mwedzi weMbudzi mugore rezviuru
zviviri negumi nembiri, Musha weHague, Netherlands

WE MEET THERE

Let's just rest there
At the top of the thoughts, between the stars
Above our desires.

There, so where is the place?
We can see each other in our eyes.

I know it's a long journey,
I'll go with you under the escort
Of the sunlight, to travel alone
Is not allowed.

Are they full planets, complete galaxies,
Full heavens, that are waiting for us in the light of life
Dear, start to go start to yourself.

We'll meet there
Let's travel together in our lives.

On 29. 11. 2012, Den Hague, The Netherlands

KURONDA MATSIMBA

Vakadzima matsimba angu
Nguva yakashata iyi

Kusasiya matsimba
Vakavharira matsimba etsoka dzangu
Uye kufamba

Ndiudze izwi
Rerwendo urwu,
Apo matsimba anenge asingazivikanwe, nguva idzi,
Kana kuti mikana
Yokuronda matsimba, ayo usingazivi

Tichifamba nohupenyu
Matsimba etsoka dzakatipinza
Muzviuru makumi maviri merimwe zvamakore
Nguva yakasiya isina kuchengetedza matsimba mamwe matiri

Zviuru zviviri zvemakore zvapfuura
Kukwiri Ilyricum, tichipfuura nenyika yokumahombekombe
enyanza,
Nokuda kweizvi pane matsimba makuru
Aha, matsimba etsoka dzangu!

Mirano, Italy musi wemakumi matatu mwedzi Nyamavhuvhu mugore
rezviuru zviviri negumi nembiri

TRACKING

They deleted my tracking
Wicked bad times

Without leaving a trace
They locked my footsteps
And walking.

Tell me a word
For the journey,
When the traces are not known, the times,
Or also chance
To track down, you do not know.

Walking on in life,
The footprints that brought us
Into the Twenty-First Century
Time has left unrecorded traces in us.

Two thousand years ago
Ilyricum hiking, across the peninsula,
They are therefore great tracks.

Ah, my footsteps !

Milan, Italy on 30.08.2012

TSOKA YEHUPENYU

Ndakapfuura zviuru zvemakore uye zana rehupenyu
Makore matema uye nguva
Izvo zvakagadziri hwaro hwoumunhu mandiri

Pasina fambidzanwa
Tichifamba zvakare
Ndakananambira ini mandiri

Zvakare, vanondibvunza nezvemuti unonzi Genesi
Maiva namwari nemurume
Ndinobvuma;
Hupenyu hunotangira mumidzi

Ndakazadzwa nenguva yechinyakare
Kuti ndichengetedzwe ndiri mupenyu
Kana kuti kunyangwe ndingave ndakarara
Zvarini

Kupa upenyu kune hupenyu

Uye zana rezviuru zvokusvika
Uye zvokuenda
Vachauya uye vachatisiya
Hupenyu hunoenderera mberi nerwendo rwaro

Kutangisisa
Kunogamuchira uye kunotevera nguva
Kusvika mazana akazanirana, anongosimbisa
Kutanga kwezvakakosha

Saka, uyu ndihwo humhizha hwangu hwepamusoro

Ini. Zuva rechitanhatu mwedzi waGunyana zviuru zviviri negumi nembiri,
Parisi

LIFE'S FOOTPRINT

I passed millennia and centuries
Dark years and seasons
They make genes.

Without scenarios
More movement then
I approached my own self.

Again, they ask me about that plant genesis
Where God and man were
Agreed;
Life starts from roots.

Overwhelmed in ancient times
To be kept alive
Or even grown up
Ever.

Giving life to life

And hundreds of thousands of arrivals
And goings
They will appear and disappear
Life continues its journey.

A genesis
That welcomes and follows the times,
Until the centuries, they only enforce it
The origin of antiquity

So this is my genius.

Me 06. 10. 2012, Paris

KUTI IZVI ZVISAKANGANWE
Munyika yangu, kupemberera zana remakore okuzvitonga

Rimwe zuva
Pamwe zuva rakanakisisa
Rohupenyu hwangu
Ndakapinda
Mupfungwa dzakasununguka
Dzisina kukanganiswa
Pasina kana kuzengurira
Nhasi
Ndaida midzi yaro
Zvinoitika kamwe panguva
Kazhinji
Zvinozviisa pakati pemiganhu iyi,
Chokwadi uye manyepo
Enda unotsvaga chokwadi nguva ino

Hazvisi pamwechete

Hazvitsanangudzwe
Zviuru zvemakore erwendo
Munguva ine njodzi
Usakanganwe
Kuti iri izuva redu
Iva zana
Remakore

Nguva yematsutso yaiva
Ine mvura kunze
Kunge nhasi,
Zvinoitika.
Vanoita zvechinyakare vanoti
Aya matsutso akanaka
Kunyangwe zvakashata zvavo
Chikamu chinopfuura pakati chenyika yababa
Chakasiyiwa kunze kwenyika

Usakanganwe
Rwendo rudiki urwu
Rwakaisvoreba

Mwedzi wembudzi
Apo Albania anenge yaane makore
Makumi matanhatu netanhatu
Ndakauya muhupenyu uhu
Saka ikozvino ini nenyika yababa tinopemberera zuva rokuzvarwa
Pamwechete

Pamwechete kana kuti mumwe nomumwe
Handizivi zvangu ikozvino?

Ndiani angafungidzira

Kuti kunyika yamai
Kuendako
Ndinoda pasipoti

Ko ndini ani?
Ndinogara ndichizvibvunza, zvakare ndinokatyamadzwa
nezvandakakanganisa
Hapana kana kuti hazvipo
Ndiyo mhinduro

Pa Television
Pamwe ndinonzwa kuti ndiri wekuKosovo, pamwe weku Albania
Kunyangwe uchidiwa
Kunge, mumwe achida kutipa zvokushanda
Zvikuru, zvemunyika, zvokudada nenyika uye zvimwe
Izwi zvakakosha
Kuziva kuti ndini ani
Asi mubvunzo uyo haupindurike

Nguva yese yematsutso
Apo mwedzi wembudzi unoburuka,
Makumi maviri nenomwe uye makumi maviri nesere
Mwoyo wangu unozara nokushuvira,
Unoshandurwa nemakuhwa maviri anondishandura
Muhupenyu uhu uye
Muhupenyu mumwe

Burssels musi wemakumi maviri nenomwe muna Mbudzi mugore rezviuri
zviviru negumi nembiri

NOT TO BE FORGOTTEN
Homeland, in a centenary of independence

One day
Maybe the best day
Of life
I got in
Free thoughts,
Without distortions,
Without any hesitation
Today
I wanted its roots.
Unusual
Usually
They put it between the two poles,
Truth and falsehood
Go find the truth right now.

It is not altogether
Explicable
Thousands of years of journey
In dangerous times,
Do not forget,
This is our day
Became a hundred
Years.

Autumn has been
And rainy weather
Like today,
It can be.
Historians say

That was lucky autumn
Though unfortunately
Over half of Fatherland
Left outside the map.

Do not forget
This short journey
It's so long.

A November
When Albania was aged
Sixty-Six
I came to this world,
Now Homeland and I celebrate a birthday
Together.

Together or separately
Do not know yet?

Who can guess
Still in the Motherland
To go
I need a passport.

Who am I?
I often ask myself, I also wonder about my folly.
None or the other no longer
The answer.

On TV
Sometimes I hear that I am Kosovar, sometimes Albanian
Even when needed;
Like, somebody tells us about projects

Major, national, patriotic and other.
It matters
To know whom am I?
This question is always unanswered.

Every autumn
When November parachutes,
Twenty-seven[7] and twenty-eight[8]
My heart is filled with craving,
Magnifies two rumors that change me
In this life and
In that life.

Brussels, on 27. 11. 2012

---

[7] November 27 is the author's birthday.
[8] November 28 is Albanian Independence Day.

ZVOSE ZVIRATIDZO ZVANGU

Imwe nguva
Pandaida kuda
Mumaroto angu, nhetembo yakauya kwandiri
Mutsara wakaipisisa
Nguva dzerudo idiki
Nenguva iyi yakabuda mandiri

Maziso angu akazvimba kundimutsa
Kana kuti ndaingunorota
Kunyangwezvo, kupupura hakuna basa
Kunaka uye kutyisa
Ndechipi apa chokusarudza, nechipi chokusiya

Saka, muneimwe tariro
Ndatanga rugwaro rusina kupedzeredzwa
Rwoupenyu
Uye mitemo yemutambo
Handina kuitevedzera
Kusvika chikonzereso chaburitswa
Gadziridzo yezvese zvisina kugadziriswa

Kuseri kwekwezvero, kuseri kwokushuvira
Mutambo mudiki, mutambo wakapedzwa

Ndakarukuzhika zvishoma uye ndichizvifadza
Ndakasvika pane mhedzisiro
Kuisa munzwa mumutsetse, mhengeramumba munzwa
munhetembo
Ngatidzoke kumashure kune imwe tarisiro
Rudo.

Simba pamusoro pemasimba rataura
Kuti
Kunyangwe vakarivaka, kana kuti ini
Hatizivi maitiro emashiripiti

Tine tambo muninga dzepfungwa, tine nhetembo rakarukwa
mutauro
Zvinokamura zvikamurwa, zvinosanganisa zvikamu

Imwe pfungwa zvakare yandinoisa mungano
Ndakanyarara, kunyangwe ndichifarisisa
Kuti handina kuona nhafu

Rudo.
Muti mutsvuku uyo, wakura
Nderipi pasi ratinowana midzi yarwo
Nderipi ivhu,
Ndiani angaziva mhinduro yezvokwadi
Muviri wavo unofanirwa kuva nhetembo
Dzokuzvisunungura
Vakandiudza avo vakatsvaga nezvazvo
Mune zvishomanana

Nokuda kwemimhanzi yokufamba
Pfungwa dzokunzwisisa dzinobuda,
Kwatanura karudo kadiki kubva munhetembo,
Nhetembo yerudo

Hupenyu hwako hwese hunonzwisisika

*Brussels, musi wegumi munaKubvumbi mugore rezviuru zviviri negumi
nerimwe*

ALL MY SIGNS

One time
When I wanted to love,
As in my dream, poetry appeared to me
The weirdest verse,
The moments of love are short
And the time has gone out of me.

My eyes swelled to wake me up
Or I was dreaming,
After all, the testimony does not matter.
Beautiful and scary
Which one to choose, which to leave.

So somehow
I started an unfinished text
Of life
And the rules of the game
I disregarded,
Until the reason is revealed
The solution of all unsolved.

Beyond desire, beyond loneliness
A quick game, a finished game…

A bit tired and a little spoiled
I came to the conclusion
To put the verse point, the eccentric point to poetry,
Let's go back to the next variant

Love.

Power over the powers have said
That is.
Neither those who invented it, nor me now
We do not know the rites of magic.

With a string in the soul, with lyrical poetry
They divide divisions, share divisions.

One more point I put to the story
But silent, even delighted
That I never find greed.

Love
This red plant, the old
In what ground is the root,
In what soil,
Who knows an accurate answer.
The trunk has to be poetry,
To freedom.
So they told me those who asked for it
Both by little bit.

For the rhythms of walking
The sense of meaning is open,
Extract a little love from poetry,
A poem of love.

All your life will be understandable.

Brussels on 10 April 2011

PAUNOENDA KUSARAYEVO

Muhupenyu, munguvayose, mumwe anofanirwa kusiyiwa
Taiva tiri munyika yaparara, uye mumwe nomumwe
Pahuma pake, muti wakaipa wakaonekwa
—Abdullah Sidran

Kubva muYuropu nehurongwa
Nendangariro dzemakore ekumapfumbamwe
Ndakauya kuguta iro vanhu
Vanotaura noruremekedzo
Ndikasiya maziso angu pamudhuri
Zvaiva zvakanaka
Zvinosiya kushushikana
Yowe mwari wangu
Kusava nehunhu kune vanhu
Venguva yedu ?
Nguva haina hanya nevanhu
Muguta iri
Umu muhondo yokutanga
Mayakatanga
Zvochokwadi pano
Pakaitwa mitambo yepasi rose yemaOlympics
Nhasi
Muzuva remwaka wepfumvudza
Takasvika ini neshamwari yangu
Tichayambuka gungwa reAtlantic

Mumwe nomumwe une kurevurura

Kuna Sarayevo.
Anotaura nezvenyaya dzeTerevizhioni
Uye ini ndinoitawo
Nedzo apo hupenyu hwaiita
Mapeni makumi mashanu
Kufanana nokudhura kunoita bara,
Bara rakafanana nohupenyu hwemunhu mumwe
Akarakatika
Pandaiva mwana mudiki

Upenyu nokufa
Zvinodambura shinda yoruvheneko
Saka anotiudza kuti, dzikamai
Nyanduri weku Bosiniya, Sabahudin Hadzialic
Apo anenge achityaira moto iyo
Inotiendesa kumhemberero ye
'Sarayevo Chirimo'

Mwena yemabara
Yakaboora midhuri yedzimba
Inorarama pamwechete nevaridzi vemba
Apo
Kune vanobva nechekunze
Vanotaura nezvekutyiswa
Kwenguva nhema muzana
Remakumi maviri
Vose vanoripfeka here kana kuti aiwa
Ndeimwewo nyaya

Iri guta
Rine chinyakare chakawanda
Rine zvimwe zvinhu zvakawanda
Zvinotaura uye zvakanyarara

Kusere kwemakomo
Kune makuva ematombo akawanda
Marefu, machena
Ivo anotsanangudza mberi
Zvakaitika kare.

Iko zvino
Chingofunga nezveije
Riri mukuwana
Ndiro gangaidzwa rine guta Sarayevo
Musha wangu zvakare.

Kunge raishuvira kukura kwangu
Ndipo upenyu hwangu hwakandidzidzisa
Hurongwa hunopatsanura upenyu nerufu
Gangaidzwa rouhupenyu
Apa hupenya hwaiva hwakawenzana
Nomutengo webara rimwechete

Iko zvino
Nguva yose yandinotaura nezve
Sarayevo
Ndicharatidza nyaya
Dzehupenyu
Apo hunhu hwepamusoro
Uri rufu

Sarayevo, mwedzi waKurume zuva remakumi maviri nerimwe mugore rezviuru zviviri negumu nembiri

78

WHEN YOU GO TO SARAJEVO

In life, however, someone should be left behind
We were very much in this wasteland, and each one
In the forehead, the bad plant has been spotted
                                    —Abdullah Sidran

From Europe with the events
Of ninety's memories,
I came to the city that people
Speak about with admiration
And I left my eyes on the walls
That's nice
They keep the sadness,
Oh my God
How inhuman is humanity in
Our time?
Time didn't have any consideration for humanity
In this city
Where the First World War
began.
Exactly here
Where the Olympics were held,
Today
On a Spring Day
We arrived, me and my friend
Coming from across the Atlantic.

Each one with his own confessions
For Sarajevo.
He talks about television stories

And I do
About the time when life was costing
Fifty cents
As much as a bullet costs,
A bullet is equal to one life
Lost.
When I was still a kid.

Life and death
They divide a fine filament,
So he tells us, calm
A Bosnian poet, Sabahudin Hadzialic
As he drives the car that
Takes us to the Festival
'Sarajevo Winter'.
(Sarajevo Zema).

Bullet holes
Through the walls of the houses
Co-lives with survivors,
While
To those who come from outside
They talk about horrors
For the black point of the century
Twenty.
Do they all wear it or not
It's another matter.

The city
With more history
Has also something else more
That speaks and is silent
Across the hills

Numerous stone graves
High, white,
They make it foretold
History.

Now
Just imagine the irony
Of luck
Its the same fate with Sarajevo
My homeland too.

Like it was expecting my growth,
Then my life taught me
Details dividing life with death,
The fate of life
Where a life was equal
With the cost of a bullet.

Now
Every time I will talk about
Sarajevo
I will show the episodes
Of life
Where the top character
Is death.

Sarajevo, March 21, 2012

MAZWI ANOGARA MUMUSORO WAPFUNGWA

Mazwi akafanana nepasi nedenga
Anogara mumusoro waPfungwa
Ane mvura, mhepo uye mwenje
Kunge pasi rino Earth
Ndimo munobva upenyu
Muchero waibva
Pfungwa,
Inouya tozvibatanidza pamwechete
Kunge nyenyedzi dziri mumazitenga
Ozivikanwa kukosha kwavo

Anozviunza kwaari
Nokuvaka zuva uye
Husiku,
Hwepfungwa
Nokuvaka mwaka yegore,
Saka
Mumazwi hupenyu hunokura
Anovaka hupenyu hwepasi nedenga

Mamwe anoraramika zvikuru
Mamwe ndeemusango
Mamwe anovimbikanwa
Zvinongoenderana nokuti ndiani avataura uye riini
Ndepapi pavaataura
Ari rungamurivo
Zvakanaka kwandiri

Asi,
Zvinotyisa
Apo anogadzira kudengenyeka kwenyika

Tirana, musi waGumiguru zuva remakumi maviri nemaviri mugore rezviuru zviviri negumi nembiri

WORDS LIVES IN THE HEAD OF THOUGHT

The words are planets
Living in the head of thought:
Have water, air and light
Like the Earth
The Source of Life.
Sun ripe fruit
Thought,
Come and join together
Like the stars in the galaxy.
How powerful they're known to be.

Bring around themself
By creating their day and
Night,
About thoughts
By creating the seasons,
So
In the word life develops,
They make the planetary lifestyle.

Some are more livable,
The other wildest,

Reliable.
It depends who speaks them and when,
Where did they say it:
When they are savory
It's okay with me
But,
Stranger
When they cause earthquakes.

Tirana, on October 22, 2012

KUFAMBA KUNENZIYO

Mukadzi uyu haataura zvakanyanya pamusoro perudo
Anovhura maziso erungwanani
Nyenyedzi dzinonyemwerera nokushuvira
Hazvitore nguva refu
Nguva ino,
Hazviendereri mberi
Zvega
Tora nguva uye kuwana zvinofadza newe
Kunzira iyo tinosanga
Nokushuvira kwangu
Uye kusavapo kwako
Zvakare,
Zvakare tinoenderera mberi, tichafamba
Zuva ririkunanambira masikati

Kufamba kunenziyo

Kubva kugungwa kusvika kugungwa,
Kubva mugova kusvika mugova,
Tinofamba kuenda kunyika yatisingazive
Kuenda kune humwe hukama,
Pareba sei kwatabva, ndezvipi zvataita ikozvino.

Nguva
Chii chinomirira nguva yarasika,
Nei isingataure nesu pamusoro perudo,
Kuitiri tuzvikowa tunobuda
Uye tusingafi twakaneta.
Inini haabvumi kuti ndibvunze
Inini
Kuitiri zvikonzereso zvakanganwiwa

Rambakurota
Tinunure kubva mumaitiro edu.
Muna zvakati zvikati
Mandaida kuda
Nguva yakanga isina nguva;
Muchinguva
Mutambo wakashandura mitemo
Ikozvino
Kana ndichida kuenda mberi,
Zuva rinondisvitsa pasina

Hapasisina nguva
Yokuita zvipirwa zvatinotaura mune imwe nguva

*Mirano, Itari, munaNyamavhuvhu musi wemakumi matatu neimwe mugore
rezviuru zviviri negumi nembiri*

LYRICAL WALKING

She does not talk much about love
She opens the eyes of the morning,
The stars smiled nostalgically:
It does not take long
The time,
Does not go any further
Alone.
Take the time and luck with yourself,
On the way we meet my
Loneliness
And your absence,
Again,
Again we continue, we walk
Day is heading towards midday.

Lyrical walking
From shore to shore,
From the valley to valley,
We travel to the unknown country
Towards a new acquaintance,
How much we have started, how much we have done now.

Time
What awaits the lost time,
Why doesn't it talk to us about love,
For springs that originate
And they never get tired.
Myself does not allow me to ask

Myself
For forgotten motives.

Undream
Save us with our attitudes.
Once upon a time,
When I wanted to love,
The time did not have time;
Later,
When they leave
Departures,
The game changed its rules.
Now
When I want to go further,
The day has led to nothing.

No more time!
For rituals we speak at another time.
Milan Italy, on August 31, 2012

MUFANANIDZO WAKAJEKA

Kubva pamuteru ndakadzoserwa maziso angu
Pandakaona chuma chendaza muhuro
Mupfungwa dzangu dzose, ndakatyamadzwa
Rwiyo rwechinyakare rwerudo rwokuRugova

Zvose muzviroto
Zvakare ndiko kusvika kwangu
Zvinofanirwa kuvhura maziso eparadhiso
Kuona zvinhu zvemazuva ose nhasi,
Zvichiuya
Huya naro izwi
Ndipe runyararo rwako rune rutiriro
Pfuura pane mhepo
Uko kutaima
Rutiriro rwako chete runotirira
Dzose mvura dzine mabhanan'ana

Ndinoda izwi rako mambokadzi
Ose mazwi andinomira navo

Nguva yakafanana newe
Kupisa uye kunaka inedenderedzwa dimbu,
Kunge maruva ndizvo zvakaita mudiwa wangu
Ndichaenderera mberi.
Ngatiwanei njanji
Zvimwe mwaka wepfumvudza unotisiya,
Saka ndiani achazoita maruva ave rusvisvi
Ndiani achakudza uswa

Wakangoita kunge nhetembo iyi
Iyo yanyorerwa iwe,
Mazwi akafanana nokufema kwako
Muhurongwa hwerudo,
Mune kumwe
Kutsanangudza
Mutambo uyu hauendereri mberi.

Munhu anoremekedzwa
Abhabhatidzwa kwenguva refu asina zita,
Isina rungano pamusoro pake,
Asina kwaanobva.
Sezvo mese muri pachokwadi
Zvinhu zvinoratidzika sei kunge
Zvatinoda kuti zvive
Zvakafanana sei kunge mufananidzo uyu wanzwisiswa.

Dhukaji- Rugova, musi wegumi neshanu munaChikunguru mugore rezviuru zviviri negumi nembiri

DEFINED PORTRAIT

From a slope I turned my eyes
When I saw the beads in the throat
Of all my mind I am astonished
                    Old Love Song from Rugova

All in the dream
It is also my arrival,

It must open the eyes of Heaven
See something common today;
Coming
Come along with the word,
Give me your patience silence
Get over the winds
That blinking,
Only your patience endures
All the storms.

I love your word queen
All the words I stand with.

Time is like you
Hot and beautiful with a radius,
Like roses is my dear.
We'll go further.
Let's get the train
Or spring will leave us,
Then who makes the flowers green
Who grows the grass.

You are like this poem
That is written for you,
Words like your breathing
In the acts of love,
In a bit more
description
The game can not continue.

Personage
Baptized over time without a name,
Without data,

Without place.
As you are all right
How much things look like
We want,
How much like this deciphered portrait.

Dukaj - Rugova, on July 15, 2012

DZIMWE NGUVA NZIRA DZEDU DZICHASANGANA

Kunyora ndizvo zvimwe zvakanaka zvandinofarira
Asi pane kushushikana kukuru.
Asi ndicho chinhu chega chinoraramisa
Zvakafanana nerudo kana kusvirana.
–Alice Munro

Ndakazviona ndisingaonekwi mumwe husiku
Ndiri muchibhokisa chekufara kwako,
Kune mukutaurirana kusingaverengeki,
Ndaibhapatidza zvinhu zvakawandisa.
Nhasi zviri kure nenzira mbiri
Rudo,
Ndichakusiya mune remangwana.
Matsutso ane runako
Akavhurika

91

Kusiri kuendamberi uye kusiri munguva yemberi
Handina hanganwa dzangu
Dzenzira idzo dzanditora kubva kwauri
Ndizvozvo
Ndarasa ini
Kushure kwechiitiko chaitika
Pakati pangu newe
Chavakwa mudhuri wekuChaina nenguva
Zvose zvaenda,
Zvingaita sei kubhapatidza wongororo
Iyo inonyunguduka zvayo ???
Chikamu chepakati cheroto dzokurota
Saka kudzidza kwakamira sei mandiri
Kufambira mberi uko
Zuva iri kurikunditorawo kuenda neni kure
Kurezve nokuda kwako.
Pamwe tichava dziviridzo munzira
Uye nzira dzicharovererwa pamuchinjiko,
Kamwe, apo patichange tine runyararo rwakawanda
Pasina izvi ticharamba tichichengeta zvekare
Chinyakare
Uye avo vakamuka vacharara

Parisi musi wenhatu munaGunyana gore rezviuru zviviri negumi nembiri

MAYBE OUR ROODS CROSS

Writing is one of the greatest pleasures for me.
There is also a great torment.
But it's the only thing that keeps me alive.
It's like love or sex.
— Alice Munro

I saw myself unseen one night
In the square of your joys,
To countless countless conversations,
I was baptizing unnamed things.
Today is farther for two directions
Love,
I'm living in forecasts.
Autumn with scenery
Open,
Neither farther nor later
I do not have my forgottenness
Of the paths that took me away from you,
That's it
I lost myself.
Beyond an event happened
Between you and me,
Has built a Chinese wall with time:
Everything has gone,
How to baptize the view
That melts apparently????
Half-dreamed dreams,
So how is teaching in me
The momentum,

That day it's taking me away too
Further on by you.
Maybe we'll be roadblocks
And the roads will be crucified,
Once, when we are more silent
Otherwise we will keep old
Rites
And the waking ones will sleep.

Paris on October 03, 2012

ZVINE HONZERESO

Pane kuona katatu:
Pane zvatinoona,
Pedyo pezvatisingaone
Uye zvechitatu
Ndozvatinazvo mupfungwa
Konzero dzakafanana nezvinhu,
Zvakazara zvinhu;
Nokuda kweizvi tinorarama nehonzero,
Tinotenga nokutengesa zvokoneso.

Tine nzira nhatu:
Imwe inotiswitsa kwatiri,
Imwe inotisiya tirikure nesu
Apo yechitatu isingandiunze, uye isingakuunze,
Tinorasa zvatiri
Tinosarudza nzira yatinoshuvira
Kana kuti mukadzi honzero anotitungamirira

Sekuona kwatinoita

Kunge mota, kunge konzereso
Kuwanda kwokuita, kuwanda kwehonzereso
Zvakada kufanana
Svomhu yakaenzaniswa nehonzereso

Chinhu chimwe chakaitika uye
Chinhu chisina kuitwa zvakanaka,
Munguva zhinji
Zvakafanana nokunyatsonzwisisa,
Asika
Ndezvipi zvatinoita kana
Pasina honzereso yokuti tinzwisise

Lukuzemubheji, Kukadzi mugore rezviuru zviviri negumi nembiri

WITH REASON

There are three views:
What we see,
Next what we do not see
And the third,
What we have in mind.
The reasons are like the ones,
Filled with goods;
For this we live with reason,
We sell and buy excuses.

We have three directions:
One brings us to ourselves,
The other leaves us away from ourselves
While the third one does not bring me, nor bring you,

95

We lose ourselves.
We choose the desired direction
Or she guides us.

Just as we can see
Like the vehicle, like the reason
How much action, how much reason
Almost the same are
An equation equated with reason.

One thing happened and
An unmanageable thing,
Usually
They are equal in reasoning,
However
What do we do when
There is no reason to reason.

Luxembourg, March 2012

MWARI AKATAURIRA MUNHU

Nokuda kwemakomo makuru, ndakahwandisa minda,
Nokuda kwavo, ndakagadzira pokuzororera, mubvuri
Kwakutanga uye rungwanana kumutsa husiku
Kuva mukurara,
Ndange ndichifunga zuva rose
Kuti ndingaita rive nerujeko rwakawanda sei zuva ririkutevera

Nhasi zviri nani

Panodonhera rwendo rwemafaro nokuvadzidzisa
Munzira yose.

Ndakadzidza nezvemarwadzo uye kufara kwako,
Kunzwa nyota uchikwakuka
Makore nedenga ndinoaisa pamusoro pako.

Kurutivi kwemakomo, tichipfuura kurungana
Ndinoisa maziso ako pakuona zvamangwana.
Une zuva uye nyika
Zvose ndakaisa kune izvi,
Kuti iwe uzowana zvakati wandei
Umunhu.

Kuona maroto kunge hupenyu
Unoona hupenyu hwakanaka muzviroto.
Mwari akataurira munhu
Pandakaita zvinhu zvose izvi,
Ndakasiya kutaura uku
Usakanganwe nezvako,
Uye ubatsire vamwezve.

Kurokowo, Poland, Nyamavhuvhu zuva remakumi maviri netanhatu mugore rezviuru zviviri nesere

GOD TOLD THE HUMAN

With high mountains, I covered the fields,
With them, I made the resting place, a shadow.
Early and earlier to awake nights
From sleep,

97

I've been thinking all day.
How to make it brighter the next day.

Today is easier
Where a trip falls and teaches them
All the way.

I learned your pains and joys,
To feel the thirst quakes
Clouds and Heaven I put on top of you.

Across the hill, through rolling
I put your eyes on seeing the future.
You have the sun and the earth
All I gave to them,
Provided you get a little more
Human.

To see the dream as the life
You can see life beautifully in dreams.
The God told the human
When I did these,
I left this statement:
Beware of yourself,
To take care of others as well.

Krakow, Poland, August 26, 2008

KUSHANDURUDZWA HWEZVISHANDISWA

Kutaura harisa basa zvaro rakanyanyokosha

Nei tichipa kutaura kukosha kukuru,
Uye tisingape huremu kune zvokudenga
Kune ngirozi, kubva kare
Itai kuti mazvi aya afambike munekwazvo
Kuti hatizivi;
Takangomirira kuti tiwanikwe.

Kunge mumwewo, tinotaura nezverunyararo
Mutauro waMwari nenyenyedzi

Mushure tisati tataura,
Ngatiroverera pfungwa pahwindo
Kuti tione kuti inguvai yainotora,
Kuti ndiani watinovhurira gonhi.

Ngwarira nezvako
Kuti ubatsire vamwe

Gara uri mauri
Kutaura kupatsanura,
Taura neizwi rine udzamu,
Kuti riremererezve

Kukurukurirana hakuna kupfava,
Mazwi anofanirwa kunzwikwa
Ngatinyorei zvisina basa,
Kunge hupenyu hunobva munezvakakosha

99

Pane pokutanga

Hazvisi zvose zvinotaima,
Apo pfungwa dzinojeka, munguva yemumashure
Mokuuya kwemazwi

Usamirire runyararo,
Zvakakosha kudzidza nezvemutaura wavo
Kana pasina chaunacho chokutaura.

*Pirishitina, musi wemakumi maviri munaNyamavhuvhu zviuru zviviri negumi
ramakore*

METAMORPHOSIS OF MATERIAL

Talking is not that big of a job.

Why do we pay it so much importance,
And do not weigh the heavenly bodies
With angles, before
Let those words go well
That we do not know;
We are still waiting to be discovered.

Like someone, some talk about silence
God's language with the stars.

Shortly before speaking,
Let's knock the thought on the window
To see how much time it takes,
For whom do we open the door.

Beware of yourself
To save the others.

Stay inside yourself
Speaking is classifying,
Speak with the speech of matter,
To weight more.

Communication is not so simple,
Words should be heard
Let us write uselessly,
As life originates from matter
First of all.

It's not all-shining,
When it lights the thoughts, the moment before
Coming on the word.

Do not wait for the silence,
It's better to learn her language
When you have nothing to say.

Prishtina on August 20, 2010

KUTAURIRANA PASINA MUKADZI ASINA ZITA

Zvakandigonesa kufema
Ruchivhuvhuta kubva kuchamhembe nokumaodzanyemba,
Iko zvino ndiudze: unondiona kana kundinanganidza, unodurura
Muzviroto zvangu;
Runyararo rwangu runokuona uye kukunzwa.

101

Iyi nzira ichavaka rwendo
Rwaro: rwangu uye rwako
Kwezvinhanhu zvishoma
Iyi nzira ndiyo pokupedzisira pokutanga
Saka kunge izvi ndidzo nzendo.

Uku kutaurirana kuri kunzwikwa
Kuri kuitika pane pasi rimwe, pamwechete
Mune rumwe rurimi
Zvinonzwika kwatiri
Kunge manyepo
Mutauro wekunze
Asi unotitora kuenda kure
Kuenda kumighanha miviri yakapirana gotsi
Iko zvino uye zvakare
Pasi rinotiisa pakati
Makungwa ari mberi anotiisa
Pamwe nokukurukurirana kusina kubatanidzwa
Takazvinzwa kare izvi

Nyenyedzi dzichada kutaurawo
Pamusoro pemitambo pasina kubiridzira,
Pamusoro pokukurukurirana kusingaverengeki
Husiku hurefa hwakapa kwatiri
Mazuva anonaya mvura,
Kachitubu keninga dzepfungwa katinotarisira
Kuti kajeke kunge maruva.
Aha! maruva ashusha kukanganwa,

Kure,
Kure sei kwauri kugara
Mazwi,
Uye maroto ari pedyo maningi,

Nokudaro
Kukurukurirana hakuna kuzengurira.

Kubvumbi, gore rezviuru zviviri negumi neimwe, Brussels

DIALOGUE WITHOUT THE LADY WITHOUT A NAME

It made me breathe
Blowing from the South and North,
Now tell me: you see me or watch me, you dump
On my dream;
My silence sees you and hears you.

This road will make the journey
Its own: mine and yours
For just a few steps,
This path is the end of a start
So like this are the journeys.

This conversation that is heard,
It is said on another planet, altogether
In another language
It appears to us
As scum,
It is alien to us,
Then who takes us away
In two opposite poles,
Now and again
The world puts us in the middle
The oceans ahead put us
With dialogues that are not included
We have already heard this.

The stars will also speak
For our games without cheating,
For countless conversations.
Long nights have conveyed to us
Rainy Days,
The Spring of the Soul we expected
To blossom like flowers.
Ah! the flowers that bothered forgetting.

Far,
How far away are you staying
Words,
And so close the dreams,
Therefore
Dialogue is without hesitation.

April 2011 Brussels

APO HUPENYU HURI KURARAMA

Kurwisana kuripakati peninga dzepfungwa nechipoko chokuvimbikana
–James Joyce

Nziyo dzisingadikwe
Dziiseyi pamusoro
Pezambuko.
Tinokwakuka pamusoro padzo,
Kunge tiri parwizi rwehasha,
Tine kakunyara
Kuti arikutora matiri zvibhakera zvokukanganwa

Kurarama uye
Kusararama
Tinoruka nziyo,
Zvakare hatizivi
Kuti ndemupi matinorarama zvirinani

Ndeipi nyenyedzi mune pokuperera?
Nyenyedzi yokumapeto kwenyika iri kuvaima zvikuru,
Pane ringiso yangu
Iri kuda kupfuura nepane rwendo rukuru
Zvinotigovanisa
Iwe neni, kune rumwe rutivi
Kupinduka kuneunyanzwi.
Apo ndakagona kuziva nezveupenyu hwangu,
Zvinondikonzeresa zvirikudzidza
Nziyo dzeshiri usiku;
Apo vamwe vakandiudza
Tiri vapfuuri, tinongochembera topfuura

Uye ndakapfuura nepane vapfuuri
Ndakachena,
Fatin akatendera kuti zvaiva munyenyedzi
Nokuda kwokudaro dzose rukanyaya,
Musi uyu uye nhasi
Ndakatanga kudzigadzirira, narini
Kutonongora matsimba etsoka akasaririra
Uku kwandakasimuka, uko kwandakasvika

Nzira dzoupenyu dzinokusvitsa kwesekwese
Vimba nezvauri kuti uve nazvo
Uchachengetedza kuona kwako

WHEN LIFE IS LIVING

A battle of your soul against the ghost of loyalty.
                                                    —James Joyce

Unwanted songs
Put them over
bridges,
We skip over them,
As on furious rivers,
With shyness
That they are taking from us the shots of forgetting.

Living and
Non-living
We knit hymns,
Again we do not know
In which we live better.

In which star is fate?
Polar star so glistening,
Or my gaze
Trying to break through the distances
They share us,
Me and you, the other side
The Magic Confession.
When I got to know my life,
My motives are figuring out,
Songs of the birds of the night;

While others told me
We are passersby, we just grow old and pass.

And I passed by the passersby
Clean,
Fatin believed they were in the stars.
Therefore all the motifs,
That day and today
I started planning them, permanent
To solve the left footsteps,
Where I leave, where I take.

The streets of life lead everywhere
Trust yourself to have it with you
You will keep your eyesight.

HUPENYU MAROTO OKUSUVA

Ndeipi nguva iyi Mhandara Hupenyu
Kupfepfetera kwemvura inonaya kwemakore,
Kutonhora
Kana kuti kupisa kuri mumumvuri.
Apo taimhanyirira kuda kubata nguva,
Imwe nguva taida kusiya
Kunzwisisana kwokufanana
Maroto maningi hupenyu
Zvakawanda kunge kureurura kune rusuvo

Ndeipi nzira inoenda mhandara iyi,

107

Tiudze
Tora nzira iyi nesu
Uye nhanho,
Kurota kuziva huwandu hwokusava kwazvo.
Ko chiiko nhai?
Pano uye nopokuguma kwoupenyu
Tinotevedzera mabimbiri ezvisina mwari,
Ngatisangane nazvo
Zvakanakisisa,
Ipapo zvinhu uye zvisiri zvinhu
Zvichava chinhu chimwechete,
Uye maroto achava hupenyu
Muhupenyu hwokusuva kwemumaroto

LIFE IS A SAD DREAM

What time is Misses Life
This precipitous rain of years,
Chill
Or the heat that is in the shadows.
Once we rushed to catch up on time,
Another time we wanted to leave
Affinities,
So dreamy is life
As much as is a sad confession.

Which way goes the Lady,
Tell us
Take the trail with us
And the steps,
To dream is to know how sad it is.

What please?
Here and at the other end of life
We follow the lust of the ungodly,
Let's face it
Beautiful,
Then things and nothing
becomes one,
and the dream becomes life
In the dream-sad life.

APO NDAKAVA MURWI WEHONDO

Kune avo vakabatikana vaive mauto
Muzuva rokupemberera gore rechishanu rokusava norusununguko muKosovo

Apo ndakava murwi wehondo
Zvairatidzika kwandiri kunge handisi ini
Kunge mumwewo munhu apinda mandiri,
Mumwewo andipa rimwezve banga
Iro raGeorgeos Casteriot,
Kirauni diki yaTeuta,
Vimbiso yaLek Dukagjini
Uye ndakatanga kutendera
Kuti kusununguka ndicho chinhu chakarurama
Tinoisa mureza wenyika pamweya
Tinopa zvombo mumaoko edu tichishandisa muviri yedu,
Maziso edu norusununguko
Uye tinotora nzira yokuenda kurufu,
Tichienda kuhupenyu.
Hupenyu husina rusununguko rwakadukupiswa,

Sekudzidziswa kwatakaitwa kuva nazvo, tinoita kuzvipira zvakare.

Apo ndakava murwi wehondo,
Nyika yedu pamusoro pazvose
Ndizvo zvatakataura,
Tichitevedzera vanyakare,
Takaenda, Isa Boletina achiimba.
Takafungidzira kuti taiva tiri vatano
Apo Albania achange yanaka
Aha, Kosovo, saka,
Iri dongi rakanakisisa

Mazuva aya:
Kusununguka kunokunda hupenyu,
Uye taiva nohupenyu uye rufu
Padyo,
Padyo zvakanyanya kutopfuura ini.
Makore kune makore, husiku hwakasvipa
Dzakareba nzira dziya
Uye dzichindisiya,
Tinorangarira kuti hupenyu hwakava ruva,
Kwasara mangwana chete pasina kubvunza,
Izvi zvose zvakauya muna nhasi,
Zana pamusorozve remanyepo,
Vashomanana vanashamwari,
Pasina chimwezve uye chirevo

Takawana zvatakawana
Uye hupenyu kwakadimburwa kubva muhusungwa,
Mwari ndiye akazvinyora,
Munguva yezviuru zviviri neimwe
Kosovo achava norusununguko

110

Kumberi, nguva inotanga kutukirirwa
Sango kunge mubvuri unoshandira manheru
Mumwenje wemwedzi.
Pamwechete neyunifomu yemaraini
Maroto, marotonhando, hatizivi
Isu.
Nyika yedu, yakaita kunge yakafanana nesutu
Yorunyararo

Apo ndakava murwi wehondo,
Takafunga, kuti nyika yedu inofanirwa kudiwa zvakasiyana,
Kunge kudarika nhasi.
Hapana maroto andisingaoni;
Mureza wenyika ndinopika,
Wakandidzikisa, yowe
Munyika yangu kwose kwandinoenda
Vachirikungondibvunza nezvegwaro repasipoti

Murwi chaiye wehondo
Haafi akatyora maonero ake,
Hapana jira rokutengesa rinochinja,
Kuti kusununguka hakuna zvakunoreva.
Bvisai avo vose vakaswimhwa kumeso!

Yunifomu,
Micherechedzo uye marotonhando;
Dzose ngano dzemanyepo dziri muchando mhute
Ndazvibvisa zvose, kwose kuwirirana
Ndava nhasi,
Asi zvokuti ndiri murwi wehondo hongu ndichirikuzvibvuma
Maroto okuzviita chokwadi
Nyika yeAlbania kuva nyika imwechete yeAlbania,
Pasina izvi,

111

Hatingaendi kuhupenyu hwaSkanderberg

Brussels, musi wegumi netanhatu mwedzi waKukadzi mugore rezviuru zveviri negumi netatu

WHEN I BECAME THE SOLDER

For those who possessed were soldiers,
On the occasion of the fifth anniversary of (without) Kosovo's dependence.

When I became a soldier
It seemed to me that it was not me,
Someone else came in to me;
Someone gave me a bit of blade
Of the Georgeos Casteriot,
Little crown of Teuta,
A covenant of Lek Dukagjini
And I started to believe
That freedom is something perfect.
We put the flag on the spirit
We armed our hands with the body,
Our eyes with freedom
And we took the road to death,
Towards life.
A life without limited freedom,
As we were taught to have,
We did the oath also.

When I became a soldier,
Homeland above all
We said;

Traces of the ancients,
We went, Isa Boletini singing.
We thought we were well
When is Albania good.
Ah, Kosovo, so,
This beautiful pony.

Those days:
Freedom cost more than life,
And we had life and death
Close,
Even closer than myself.
Years to years, those dark nights,
Those long roads go
And leave me,
We remember that life has become flower,
Only tomorrow is left without asking.
All that has come up to date,
One hundred more of a lie,
Many less friends,
Nothing else and point.

We got what we got
And life was cut off from captivity,
God has written it;
In the twenty-first century
Kosovo came free.

Further, the time starts to get denounced
Wild as a shadow to attend evenings
In the light of the moon.
Together with the striped uniform
Dreams, illusions, we do not know

Ourselves.
Homeland, so it looked like a suit
Of Freedom.

When I became a soldier,
We thought, the homeland should be loved differently,
Somewhat more than today.
There's no dream I can not see;
The flag I swore,
They dropped me, ohhh
At homeland whenever I go,
They still ask me for a passport.

The real soldier
Never breaks his own image,
No banner changes,
That freedom does not make sense.
Get rid of those who are deceived!

Uniform,
Reflections and illusions;
All fairy tales in the fog
I've taken it off, all civil
I am now,
But as for being soldiers still I consider myself
The dream to make it true:
Albanian land to have one Albania,
Otherwise,
We can not go to Skanderbeg's life.

Brussels on 16 February 2013

HUREMU

Kubudikidza mukuwedza mhuka isina ropa
Matombo egirazi haaonekwi
                —Frederico Garcia Lorca

Zvinhu zvisinganzwisisike ndivo vanhu,
Chinhu chose chine mamiriro acho
Mumiro wacho
Chiumbwa chohumunhu,
Nguva namwari wekuumba

Kukosha kwake mukadzi, mupfungwa dzangu
Pasina chaiyo mhando,
Zvinotara miganhu yohuremu
Mazuva achiuya achienda, anopupurira
Kune izvo zvakandiumba,
Zvokushandisa kuti zvivakwa zvitange, izwi
Uye nguva ine rudo

Zvichinzwisisika, musoro wefungidziro
Unoshandisa kuva nomukana kune mipikicha isina muviri,
Isina pokugumira.

Kubva mukuva tisati tasvika
Tichishungurudzika kuumba;
Chimwe pamusoro pechimwe
Kuenzana kuri matiri uye kuchiratidza

Hwaro hudiki pakati,
Manheru anorira uye achikupwanyidzira
Kubva kutafura yokunyorera yako kuuya kuzuva rino

115

Nzira dzose dzinouya kwandiri.

Kubva pane mujaho wese wohupenyu,
Maitiro okupira emwoyo wako
Pane kuguma pane huremu
Vanoti rudo
Rudo, chiumbwa cheninga dzepfungwa
Iyi nzwimbo irimandiri, iri mauri

Iko zvino, ziva nokudzvinyirirwa kwehwangu huremu

Manheru omusi wegumi nhatu muna Ndira mugore rezviuru zviviri negumi nenhatu, Brussels

MATTER

> *Through an amphibian trail*
> *The crystals are elusive*
> —Frederico Garcia Lorca

Strange things are human creatures,
Everything has its own appearance,
Shape
Being of creation,
Time and God of making.

Her brand, in my thoughts
Without a specific format,
It sets out the parameters of matter.

Days coming and going, testify

For my own makeup,
The material from which creation begins, the word
And time with love.

Understandably, the theme of theories
Practices access to images without forms,
Without dimension.

From the pre-arrival
Suffering to shape it;
One plus one
Equality with us and points.

Narrow between space,
The evening sounds and narrows you.
From your desk to this day
Every path leads to me.

At every pace of life,
Your heart rites
There are epilogues in the matter
They say love.
Love, this craft of the soul
The place is in me, in you.

Now, know with my muttered stuff.

The evening of 30 January 2013, Brussels

VABVAKURE VAVIRI MUVÄXJÖ

Pane vabvakure vaviri muguta
Mukadzi uye murume,
Vamwe vose vanotarisika kusiyana.
Vanoita kunge vasiri kufamba,
Zvose zvinotaurwa
Ndizvo zvinonzi navabvi vokure;
Umwe uye nemumwe vakasangana
Muguta

Manheru anouya kunge muridzi wemba uye mushanyi,
Zvinogovana maitiro erombe uye hurukuro dzinokura
Kunakidziswa hakusi kutarisirwa,
Kunzwisa kuri kuuya kune guta iri
Apo hunhu hunonzwisiswa

Vabvi vokure vaviri
Vanoita kunge vasangani kokutanga,
Kwete kunge sezvazviri
Muguta iri rine rudo nevanoyemurwa.
Vokutanga nokupedzisira
Apo vanosangana,
Husiku hwaiva kurara kwevagonesesi,
Umu mune vana vakatorwa
Mumwaka yerudo,
Kudzamara rungano rwose rwapedzwa

Muguta iri
Vokunze vavira vanoroverana
Muhusiku,

Kudzama vazozviona mangwana acho;
Vanorota nevasingarote vanouya
Muchishanu

Muguta iri
Vanoti kune mivara yakawanda
Hupenyu.
Kusanzwisiska, asi ichokwadi
Usiku hweVäxjö
Hwakava hune mwaka mina yerudo
Kune vokunze vaviri ava.

Mbudzi gore rezviuru zviviri nesere, Växjö, Sweden

TWO FOREIGNERS IN VÄXJÖ

There are two foreigners in the city
A lady and a gentlemen,
All others look different.
They are not like walking,
Everything that is spoken is
What two foreigners say;
One and the other met
In the city.

The evening comes as the host and guest,
Exchange rites of pariahs and conversations grow
Ecstasy is not expected,
Understanding is coming to this city

119

When characters are understood.

Two foreigners
Seems to have met first,
Not as it is
In the city with love legends.
The first and the last
Once met,
That night was the sleep of the intelligentsia,
In which four were overtaken
Seasons of love,
Until the whole story was finished.

In the city
Two aliens crashed
Overnight,
Until they found it tomorrow;
The dreaming and undreaming came to
Friday.

In the city
They say there are many colors
Life.
Strange, but true
The night of Växjö
Has had four seasons of love
For two foreigners.

November 2008, Växjö, Sweden

NDICHADZOKA ZVAKARE MUMAVHESISI

Unoziva mwaka wepfumvudza kubva mumaruva chete...
—Paul Géraldy

Ndichadzoka zvakare kumavhesisi
Kuti ndisangane newe
Sezvo ndakushuva husiku huno,
Kuti ndikude hope nokurota
Uye husiku hutema uhu
Kuti ndive nokuzvidzora,
Uye kuti nditambe mavhesisi zvishoma
Erino detembo

Nokuda kwokudaro
Ndichakuona sei husiku huno
Kana pfungwa dzangu dzave dzega ?

Mazwi maviri
Epamusoro peizwi :
Ndaanzwa achiti,
Izwi remwoyo
Ndiro riri kure uye pedyo nezwi
Rakanyanyoomarara,
Ini ndaida kuti
Kubva munhetembo dzangu
Izwi rakabvamo rikandidaidza
Oooo heeee ooooo.

Ndichange ndiri husiku huno

Izwi
Richasunganidza mutsetse wemazvi.
Kungoti urambe wakanakisisa
Mumavhesisi angu
Mushure mokudaidzira mazwi
Kuriverengazve

Ndichave husiku huno
Verengo yakanakisisa,
Kudzidza kuti mwoyo unoratidzwa sei.
Kutsvenenzvera kunakidza kwemapeji.
Kuti ndingoziva zvakawanda pamusoro pako

Ndichave,
Izvo zvandisingaite husiku huno
Yakanakisisa misoro yenhetembo
Nokuti
Iwe uchagara apo
Apo ichange ichifukatidzwa

Oslo, Noweyi, munaNdiri mugore rezviuru zviviri negumi neimwe

I WILL RETURN INTO THE VERSES

You know spring only from flowers ...
                                    —Paul Géraldy

I'll go back to the verses
To meet you
Since I missed this night,
To overcome sleep by dreaming
And this dark night.
To be cautious,
And to dance the verses a little
Of this poetry.

Otherwise
How do I see you tonight,
When my mind is alone?

Two words
Regarding the voice:
I heard say,
The voice of the heart
It is the farthest or nearer voice
The most ragged,
I wanted to say.
From my poetry
A voice came out and called me
Oooo heeee oooo.

I'll be tonight

The word
To stitch in the sentence.
Just to keep you beautiful
In my verses
After each punctuation
To read it again.

I will be this night
A beautiful reading,
To learn how the heart is depicted.
Surfing pleasure pages,
Just to know more about you.

I will be,
What I will not do tonight.
The best of poetry's titles,
Because
You stay over
Just as it is shadowed.

Oslo, Norway, January 2011

HUSIKU HWANEZURO

Apo ndakarara
Mitambo yese yakaratidzwa kwandiri
Ndingaita sei kuti ndiwe bato remitambo ndakafunga;
Asi newe chete ndakatamba

Nyenyedzi dzakakwira pakatunhumadzwa

Vamiririri vekumusoro, vakagoverana neni basa
RaAdam
Ndinewe wokutamba naye, iwe Evha wangu

Kana husiku huno hukaenderera mberi kwemakore zana
Ndichanakidzwa nokutamba newe zvakanyanya,
Zvakaenda zvikaenda uye zvikava
Hupenyu hunonakisisa, hunonakisisa
Basa iri

Ndanga ndichiverenga ose mashiripiti
Okurota
Ari mberi kupfuura zvese
Ndiri kumhanya
Asi nenguva yandazobuda mangwanani
Mutambo wanga wapera

Mangwana
Apo yose mitambo, uye ose mabasa
Achange asvika pokuperera,
Achandipawo kukudzwa kwangu
Rota, ini ndada kudaro

Ndakumbira ruregerero pakusakwana,
Nei kwaita marota angu kuti amuke?

Parisi, munaKurume musi wemakumi maviri nembiri mugore rezviuru zviviri negumi neimwe

LAST NIGHT

When I slept
All the sports have been shown to me
How can I be part of the race I thought;
But just with you I played.

The stars climbed on the stage
High Representatives, they shared with me the role
Of Adam
With you to play, my Eve.

If the night continued for a hundred years
I would enjoy playing enough with you,
It went and went and became
Life more interesting, more interesting
The role.

I was browsing all miracles
Of dreaming,
Farther than anything
I'm running
By the time I got out of the morning,
The game was over.

Tomorrow
When all games, all roles
They had come to an end,
They gave me my own attention;

Dream, I wanted to say,

I apologized for the deficiency,
Why make my dreams awake?

Paris, March 22, 2011

NZVIMBO YANGU ISINA MUGUMO

Ndangariro dzinodziyiswa kubva kunze,
Asi dzinogumisa kubva kuna ruzivo
—Haruki Murakami

Hurukuro dzakareba, dzisingaperi
Kunge iya yaiva nguva yokupera kwapasi rino
Mazwi angu akaita kunge rudo rwako,
Ndakagara mukushuva ukama nevamwe
Ndirikunyora ndiri mumarota angu kunyorera iwe

Pokutanga pevhesi rokutanga
Raiva chando mhute uye mukutanga chete
Ndakatora nzira yokuenda kure,
Ndiinewe mumweya ndakatanga ndinewe.

Haugoni kuvimba nechando mhute,
Ko zvakaita sei kuti ndisatore maziso ako?
apo ndakaenda,
Ndichiona ini ndakarasika, mudzimai wangu wekuAsia

Ko takarasana papi?

Haumbofungidziri kurasa uku.
Zvinoitwa sei kuti tisawane imwe nzwimbo
Iyo irikure kubva pauri, irikure kubva pandiri,
Iyo inoronda nguva yangu.

Ndinobvarura denga nechepakati.
Matenga
Mwenje wakadzoka
Apo pfungwa yakatanga kugadzira mwenje
Ndapfuura numutsimba etsoka dzake mukadzi uyu
Mumatsimba etsoka dzake mukadzi uyu

Tsvodo idzo dzawakandipa imwe nguva,
Kusekerera kusina kufema
Uye nguva yokutanga yorudo
Tiripamwechete ndakavhura uri pashinda
Kuvharidzirwa mukati memwoyo zvokusabuda
Ndakaoneka neruoko rungano rwedu,
Saka neimwenzira ndakatanga kukunanambira
Nzira isina kana mugumo

Makomborero akanaka, zita ramambokadzi wangu
Ndirikuuya kwauri
Ndimirire kumberi kwangu,
Pano pokupedzisira rungano
Iyi nzira diki
Ndirikuzviitira kwauri, ndirikuzviita ndinewe.

Kufema kwako, wangu wekuAsia
Zvekumusorosoro zvinogovanisa,
Nzira yave yakajekesa
Maziso angu anozadza denga noruvara rwedenga

Mwoyo apo unotaura
Unobhururuka nomunyika nedenga uye nomumatenga,
Kudzamara wamira
Nzwimbo yangu isina mugumo

Hupenyu hwakakuzadza nemafaro
Uchifamba nzira yangu,
Kuenda kwese kwese
Uko kwakandisvitsa kwauri.

Ida uine mashiripiti okuAsia.
Ndinoda kuenda,
Kwose kwaakandimirira mukadzi uyu
Pane chondisvitsa,
Pane chimwezve chinotisanganisa

Nzwimbo yangu isina mugumo

Brussels, munaKukadzi musi wegumi neimwe mugore rezviuru zviviri negumi nenhatu

MY SPACE WITHOUT LIMIT

> *Memories are warmed from the outside,*
> *But they brake you from insight*
> —Haruki Murakami

Long conversations, endless
Like this was the end of the world.

129

My words like your love,
I'm sitting in my loneliness
I'm writing a dream for you.

At the point of the first verse,
It was a fog and the beginnings only
I took the road further;
With you in this spirit I started with you.

You can not trust the fog,
How did I not take your eyes?
When I left,
To see myself lost, my Asian lady.

How did we lose ourselves?

You do not imagine losing,
How not to find another place
Somewhere far from you, somewhere far from me,
It traces my time.

It split the sky halfway
Galaxy.
The light was back
While thought started to make light
I stepped through her footsteps
In her very footsteps.

The kisses that you offered once,
Breathless smiles
And the first time of love
Together I opened it to a string
Hermetically sealed in the heart.

I waved our story,
So somehow I started approaching you
The road that has no end.

Good-luck, my princess' name
I'm coming to you
Wait for me beyond myself,
Here at the end of the story
This short path
I'm doing it for you, I'm doing it with you.

Your breathing, my Asian
Nebula distributes,
The road becomes brighter
My eyes fill sky blue.

The heart when it speaks
Flies through planets and galaxies,
Until you stop
My boundless space.

Life filled you with fun
Walking my ways,
All directions
Which lead me to you.

Love with the Asian-miracles.
I want to leave,
Everywhere she waits
Something brings me,
Something else unites us.

My endless space.

NDAKAENDA KUNZE UYE MUKATI MEGANDA RANGU

Ndakachemera iwe Arberi/ Handina nyadzi, kuti nei ndaichema?
Handina nyadzi kuti nei ndisingazvüte zvakare, nokuti kubva munyadzi
ndakachema
—Azem Shkreli

Chokutanga

Ndakazvisiya ndiri ndega
Uye ndakaenda kumwe kure,
Kwakada kuita kuseri kwetarisiro;
Pamusoro pounyanzwi hwokufunga hwose
Uye ini ndakaudza ruzhinji:
Ndakazvirasa
Kana pane akandiona
Tinokumbira kuti ashambadzire mumvuri wangu,
Ipapo ini
Ndakatanga kutsvaga
Nzira dzokuenda kugomba remarara
Zvinotyisa
Kurota nezveizvi
Zvakanaka

Mukachitenderedzwa kadiki komunyika mangu
Apo munhu anorarama nokuda
Kwevamwe,
Ndakataura kwandiri

132

Murume uyu haana kuenda nokupimha ichi
Kusunununguka kwemapepanhau
Ndakamutevera
Ndiri padyo akapfuura,
Sekunge rwendo rwemafaro
Iye aiva azvitora kuenda mberi,
Kumberi pedyo nechokwadi

Chechipiri

Pandaiva ndaenda,
Akanga avatora
Makusagutsikana
Kuti zvose zvaunoda zvakanaka,
Kuti mvura kugaranokugara yakachena,
Nyengwe nguva iyoyo
Apo nguva inenge isina nguva
Yomimhanzi
Shoka rakandisiya
Rakanyorwa pabepa
Kune zvinhu zvinofanirwa kudiwa
Kunyangwe uchinge usingazvide,
Kunyangwe usingazvishuvire
Nyika ndiyo izwi rekochekedzo
Rezvose zvinodikanwa

Vanokudireiko kubasa iri?
Inga vamwe vane izwi,
Avo varikudya nyika
Kunge mhomhi dzirikudya vana vadzo,
Ini ndaida…
Saka nokuda kwemutaura,
Hazvindinetse izvi

Kuva nokutya kutya
Kumberi.
Hakuna kwokuenda,
Asi zvakakosha kumbozvidzora
Paunodzoka
Kuzvidzora kwandaisada.
Runyararo rwanonoka zvino

Chechitatu

Apo zvaiva zvodzoserwa kunze kwenyika
Inini,
Vakandisiya ndiri ndega
Apo zvaiva zvichiumburuka
Muviri,
Murume uyu akasangana nezvinhu uye nezvisina zvinhu,
Nemarota anokahadzisika
Anehukasha uye asingapomhodzwe
Achitaura uye akanyarara neizwi
Usave ini
Wakazvibvunza
Ndicho here kana kuti hachisi icho pasi rino
Nyika yedu,
Nhingiti yomuti wangu, muviri womuti
Albania
Apo,
Ndekupi kwakabva michero yose iyi inovava?

Chechina

Dai kusaziva kwaiva kwezvinhu
Dai nguva yaiziva
Dai nguva yaizivisisa,

Kuti inodya nguva
Saka dzoka muganda rangu
Ndakazviudza
Ndikaenda ndichidzoka kumushure
Nyika yangu inokungurukira ichitenderera huro yangu
Ichipinda muhupenyu,
Ine ukasha
Uye murume uyu akaidzosera kwandiri
Akaipa kwandiri kunge kupa mushonga kuna chiremba
Enda iko zvino
Enda mberi, fambira mberi

Nokusingaperi
Zvibvunzurudze apo tinenge tisinagazive
Kupi kwaenda zvinoendeka?

I WENT OFF AND ON FROM MY SKIN

I cried tonight for you Arberi /, I'm not ashamed, Why did I cry?
I'm ashamed of why I could not do it anymore, from shame I cry
                    —Azem Shkreli

I

I left myself alone
And I went somewhere far,
Somewhat beyond forecasts;
Above any artistic imagination

And I told the public:
I lost myself.
If anyone has seen it
We ask to announce my shadow,
While I
I started looking for
Roads of a dump
Scary,
To a dream of
Nice.

In the corner of the homeland
Where one lives according to
Others;
I said to myself
He did not go and measure it
Press freedom.
I tracked him
Closeby he had passed,
As a trip
He had taken it further;
Closer to reality.

II
When I was gone,
He had taken them
delusions
That whatever you like it is perfect,
That water is always clean,
Even then
When time does not have time
For lyrics.
The message left me

Written on paper:
There are things that should be loved
Even when you do not need them,
Even when you do not want them
Homeland is the key word of
All loves.

Why do they need you for this job?
The others have the word,
Those who are eating the homeland
Like wolves eat their own,
I wanted ...
So somehow with the saying,
But it does not bother me
Being afraid of fear
Further.
There is nowhere to go,
But it also makes sense to delay me
On return
The delay I never wanted.
Silence is late now.

III
As it was being deported
Myself,
They left me alone
As it was rolling around
The body,
He met with things and nothing,
With bewildering dreams,
Raw and unprecedented;
Speaking and silent with the word.
Do not be me

You asked yourself,
Is or is not this earth
The Homeland,
The seeds of my plant, the trunk
Albanian.
there,
Where did these bitter fruits sprout?

IV
If uncertain was about things
Time knew,
Time knew well,
It is time-consuming;
So turn back to my skin
I told myself,
And went the way back;
Homeland rolls around the neck,
Through time,
Charged up
And he brought it to me,
He gave it to me as a doctor's medicine:
Go now
Go on, move on.

Ever
Wonder when we do not know
Where the goings have gone?

KUMUKA URI MUZVIROTO

Mumarota kana kuti mukungwara
Kunyangwa sei,
Zvakakosha kunewe
Ndakunda mvuru inokosha
Kurera nyika diki,
Ndinobuda kunze kunofamba
Ndiri munzira,
Kuenda kure kusvika kwauri.
Mubindu romumunda wemaruva,
Mbeu mbiri dzakarimwa
Uye dzakawanda tikagara pasi padzo,
Zvakare takafamba kuenda mberi

Pokupedzisira,
Kunyangwe maroto anovaka hupenyu hwavo
Uye unoziva, mudiwa, kuti
Kunyangwe ndikakuda kakawanda sei
Husiku hausi husiku
Zuva rakamutswa nohusiku
Uye kunge zvandanga ndichitaura
Takafamba pamwechete
Kubva kune guta rimwe kuenda kune rimwe
Kubva kune ruva rimwe kuenda kune rimwe
Kubva kuneni kuenda kwauri, uye zvichidzoseranwa
Chakakoshesa ndiko kwazvinoperera izwi

Ungano.
Newe ndakafamba banga renyika
Ndichipfuura nokusimba kwepabonde kwemutambo,
Uye pose patakaonana, pakava nomwenje

WAKING UP DREAMS

In a dream or a in smartness
No matter,
It's important, with you
I have overcome the great water
Bearing the Small World,
Then out for a walk
I'm on the road,
All that way up to you.
In the garden of mountain flowers,
Two seeds were sown
And increased we put them under,
Again we walked on.

Ultimately,
Even dreams make their own lives
And you know, dear, that
No matter how many times I have loved you
Night was not night,
The day was awakened by sleep.
And as I was saying:
We walked together
From city to city,
From flower to flower,
From me to you and vice versa,

What is important is the epilogue of this
Event.
With you, I walked the blade of a world
Through the full libido of the game,
And where we have seen each other, there was light.

KUGADZIKANA

AYA MAGWARO AYA AKANYORWA NOMUMWE

MUMWEWO MUNHU
ACHAPINDA,
KUSVIKA PANE TAFURA YEKISIMUSI,
PANE CHIGARO
APO NDINOFANIRWA NDIRI?
TORA MUMWE USIKU HUNO

AYA MAGWARO ACHAVERENGWA NOMUMWE

MICHERO YEUPI MWAKA
MUMWE AKADYA.
PASINA KUKUNDA ANOVEZA MAZINO ANHASI
KUITIRA MUTAMBO UYU,

CHOKWADI CHIRIKO KUMWEWO

MAZUVA ANO MUMWE ARIKURANGARIRA
KUKANGANWA

MUNZIRA UMO MUNOTI UMWE,
KANA PAMUNONGOPFUURA

MUNOZARA NOKUSHAMISIKA
KUDZIKIRA NOKUKWIRA,
MUMWE MUZORORO IRI ACHAGONA
KURANGARIRA,
IKO ZVINO PANE ZVOSE ZVINOGONA KUITWA
NGUVA INOGADZIRA KUGADZIKANA

CALM

These letters have been written by someone.

Someone else
He will enter,
Up to the christmas table,
In the chair
Where i should be?
Take someone tonight.

These letters will be read by someone.

The fruits of a given weather,
Someone has eaten.
In vain sharpen today's teeth
For this celebration,

The truth is quite elsewhere.

These days, someone is remembering forgetting.

The path through which someone,
Once it has passed

Completely filled with surprise:
Decline and rise,
Someone in this holiday can do it
Recall,
Now For all that can be done
Time forms a calm.

KO CHIPI CHIMWE KANA CHISINGAUYE

Kunyangwezvo, paiva negoronga kana risiri rimwe,
Mugarandega mutema, goronga rangu
—Ernesto Saturday

Munguva zhinji mirira nyanduri,
Zambuka iro vachayambuka kuzvikunda
Mazuva uye masvondo emwaka uno
Kutonhorwa,
Muridzi wemba uye anotevera mupfuuri,
Zvinongoita zvega basa

Mukusavapo kwekudzokera kumashure
Yambiro,
Kugamuchirwa kwakanganiswa
Kunyora
Naizvozvo
Zuva nezuva
Nguva irikuva kumirira,
Nokumirira kurefu wakapa mutongo
Kunyangwezvo kune mamiriro okunze,

Kwapinda mukati memaroto ake mukadzi uyu
Anofema maoko omurume pokubikira
Anozvizarira
Kune zvakapihwa kuwirirana kwokupedzisira
Kuzvivharira kubva kungano yanezuro

Ko kunge asingauye
Ndichazvikunda here
Kuuya kwauri.
Kupinda mumazwi ako, mumitsara yemazwi ako
Kudzokorora
Zita rangu rakakosha,
Uye rako
Kuzadza mumusoro mako nendangariro,
Mweya unovhurwa kwauri, rudo rwangu rukuru

Mune mutambo
Hazvisi zvese zvinoitwa
Kana shuviro irihombe kupfuura zvinogona kuitika
Unoziva nhetembo
Kuti nhetembo ane mitemo yake
Kunge rudo.
Nyanduri akadaro:
Pakati penyama negorosi,
Pakati pedenga nenyika,
Huya kwandiri zvishomanana
Tinopa rudo rudiki kune ninga dzepfungwa,

WHAT ANYTHING IF IT WILL NOT COME

However, there was a tunnel if it is not another one,
Dark hermit, my tunnel.
                                        —Ernesto Saturday

Always awaits the poet,
The bridge through which they overcome themselves
Days and weeks of this season
Cold,
Host and follows the passersby,
It just does its job.

In the absence of a comeback
Warning,
Reception has been aggravated
Writing.
Thus,
Day after day
Time is becoming waiting,
With long waiting you punished
Although there is weather,
It has entered inside her dream
She exhales his hands on the stove
Turned off
Of a given end agreement,
Closed to a past story.

What if she does not come,
I will overcome myself
To come to you.
To get in your words, in your sentences
To repeat
My special name,
And yours
To fill your head with memories,
The spirit is open to you, great love.

In the game
It's not all done
If desire can be bigger than possibility.
You know poetry
That poetry has his own rules
Like love.
The poet said:
Between meat and wheat,
Between heaven and earth,
Come now to me a little bit
We surrender little love to the souls.

KUKAKAVADZANA KWOKUFUNGIDZIRA

Kufungidzira kunodaidza
Zvinofadza, muzita rangu
Nguva haina nguva yerudo usiku huno,
Ine rudo rwezvimwewo
Mutambo unosunga nyama waiva imwenguva konzereso,
Iko zvino vave nhasi

Izvo zvisiri zvangu,
Zvichiita zvako:
Kushuvira kunovhuri hwindo,
Kuti kuone kufungidzira,
Kuti kurikuuya sei uye kuti kwakamira pamberi pegonhi
Kuchifunga.

Ndinoenda kubva pandiri
Mudiwa
Ndinokumbira umwe hunyanzwi
Kugonesesa kwangu,
Asi ndinodavira daidzo:
Handina nguva nezvezvinonyadzisa
Uye, chokwadi chaicho
Ndinogara ndichikakavadzana nefungidziro
Handiwirirane neguva isina nguva
Yerudo
Nguva yangu ine nguva yezvese
Kunyangwe yepasina chinhu, chokubata nguva ino
Kana yezvinhu zvisingaonekwi

Kunyanya,
Munzwimbo yokushaya chakanaka
Zvokuita,
Ndinofunga nezverudo rwunofadza zvikuru
Uye zvinozivikwana kuti,
Apo pahunenge hwakura
Zvezvinyadzi,
Zvine konzereso uye zvisina kunzereso zvinoitika
Chete nokuda, nokusava nokuvenga

Saka chii
Kana pfungwa ikapinda mumusoro,

147

Ikapinda mumwoyo.
Nokuti nguva ine nguva,
Apo husiku huno
Ndinotyaira kuninga dzepfungwa reropa chena,
Kumberi kwemitsetse mumwe wemutambo,
Husiku,
Huri kuenda kumahombokombe echiitikwa
Zvinonakidzisa
Ndakamisa nguva iri pedyo neni
Uye ndichiramba kufungidzira kwese
Ndagara kumirira

Kufungira zvinonyadzisa, kana kuti kufungidzira zvinonyadzisa;
Kushure kwezvese zvose zvakafanana, iwe neni takasiyana
Tichave netunguva husiku huno,
Zvakatiwandei, zvakakwanira kuitirwa rudo

IMAGINARY DISPUTATION

Imagination calls
Gladly, in my name
Time does not have time for love tonight,
It has loves for something else.
The paralyzing game was once a motive,
Now is present
What is not mine,
Doing yours:
Desire opens the window,
To see the imagination,
How is it coming and how it stopped in front of the door
Thinking.

I get away from me
Darling,
I ask for more brilliance
My intellegence,
But I answer the call:
I have no time for controversy.
And, in fact,
I regularly argue with the imagination.
I do not agree that time that does not have time
For love.
My time has time for everything,
Even for nothing, concretely now
Or even the invisible things.

Often,
In the absence of a perfect
Idea,
I imagine fantastic love
And it is well known that,
Where it is developed
The controversy,
Reasons and non-reasons do
Only with will, never with hate.

So what
If a mind enters the head,
Get in the heart.
For time has time,
When tonight
I sail to her soul-thymus,
Beyond a single-line script
Night,
Going to the shore of an event

Fantastic,
I stopped time close to me
And disregarding all imagination
I'm sitting down to wait.

Imaginary controversy, or imagination of controversy;
After all they are the same, you and me different
We will have some time tonight,
At least, enough for the point of love.

NDIRI KUDA KUUYA PEDYO NEWE

*Pesepese ndiwe nyenyedzi diki uye pesepese ndini mutyairi wemugungwa
mutema*
Pesepese chimbomira nditenderere kuenda kurudyi
—Odysseus Elitis

Apo zuva rinodoko, utondere
Rinogara neni,
Apo ndinoenda muhusiku, rinohwanda.
Chipi chishamiso, zvinhu zvese zvinounyana,
Kunyange maroto haamuke,
Uye ini,
Ndinoda kuuya pedyo newe

Unofungidzira here kuuya kwayo
Pfungwa inofadza, yakazara kunakisisa
Inopinda mumusoro mangu,
Inoita kuti pfungwa dzive moto.
Moto, rudo rwangu kwauri.

Pamwe ichi chingave chimwe chokuita,

Rudo kutatamuka kunge shiri inobhuruka
Ichipfuura nomudenga
Zvichamisisa, ndinouya kwauri zuva nezuva
Uye iwe unoviga hembe dzangu dzokufunga nadzo

Kunewe, ndinonyanyofunga nezvi ubunumunu

Budapest, musi wegumi nenomwe munaNdira mugore rezviuru zviviri negumi

I WANT TO COME CLOSER TO YOU

> *Always you small star and I am always the dark sailor*
> *Always hang up and I turn right.*
—Odysseus Elitis

When the sun sets, mind you
It stays with me,
When I go into the night then; It disappears.
Such a surprise, everything looks drowsy,
Neither do dreams wake up,
And I,
I want to come close to you.

Do not guess how it comes
An interesting idea, full of brilliance
It enters my head,
It makes my mind into fire.
Fire, love for you.

Perhaps this can only be the idea,
Love spread like a flying bird

Through the sky.
Surprisingly, I come to you every day
And you hide my clothes of thinking.

For you, I always think nakedness.

Budapest on January 17, 2010

KUSANGANA KWESHAMBADZIRO BONGOZOZO

Chokwadi chakafanana nemwenje.
Chinoramba chichijeka
                    —Albert Camus

Kupa maziso kune denga rinemuvara wedenga,
Kunge zuva kunyika mumangwanani
Uye kuva shiri chena, inobhururuka
Kukwira mudenga yakananga kumakore

Kukwira pamusoro pegomo,
Meso yose iyo yakakangwa muziso
Pfungwa dzangu dzinobatidza mwenje,
Kuti tione zviri nani matsimba etsoka

Mazwi maviri kana matatu angandifadze,
Chokwadi chinozvitenderedza kuita marotonhando
Nyepa kuitira kuti zvive zvechokwadi

Hupenyu hunofungidzirwa,
Kunge mwaka wepfumvudza une maruva, kusvibirira
kwepfumvudza,

Munguva yezhizha, ndakauya ndakasun\-unguka.
Kungoda chete kuona mashiripiti,
Paradiso yararama hupenyu uhu

Usakanganwe rudo,
Usakanganwe nzira inotipatsanura
Husiku husina mwenje wemwedzi.
Kuti tidzoke zvakare
Kune kwazvakavambira,
Chiitiko chitsva kuchirarama

Kutendeutsa ringiro, kubva kudenga kutarisa pasi, kunonyarara
Namata, ida, kuchengetedza mwoyo wako;
Apo mwoyo unozvigamuchira,
Kudzoka kuya hakupo
Zvese zvakaita kunge hupenyu zvafamba mberi.

Batanidzo
Kuzvitsanangura kushandisa zvivakwa zveBharokwe.
Apa sekuru wemweya anenge ari pfungwa,
Mweya anovaka chete;
Ini uye iwe, mudiwa,
Kuti zviwanzwire simba kuchimumu,
Ngatidzokerei kwatiri
Zvakarezve kubva kwatakatangira.

Chinhu chose chine muviri wacho,
Kunge kufungidzira uku kune zhowezhowe
Kusangana kwandinoda kuita,
Nezita rinofadza
Izwi rese rinoti kwandiri
Ndisarudza,
Ndisarudze sezita rako,

Pandakaregedza zvenjodzi
Huma yangu ndakaipa zita
Ramba nezvemupikicha werudo

APPOINTMENT OF A CHAOTIC PROSPECTUS
Truth is like light.
It always shines.
                    —Albert Camus

To give the eyes to Blue Sky,
Like the Sun to the Earth in the morning
And to become a white bird, flying
Up set off to the clouds.

To climb to the top of the mountain,
All these faces were thrown in the eye
My mind lit my lights,
To see better our footsteps.

Two or three words that make me happy,
Truth turns it into illusion
Lie to make it real.

The future projected,
As a spring with flowers, just greenery,
In the summer, I came in more comfortable.
Simply to foresee the miracle,
Heaven has experienced this life.

Don't forget the love,
Nor the roads that separated us

Nights without moonlight.
To return once more
From the beginning,
A new event to experience.

Turning the view, from Heaven on Earth, keeps silent
Pray, love, to keep your heart;
When the heart gets it,
That return is not there
Everything such as life moves forward.

Coordinates
To put it according to architecture - Baroque.
When the archbishop is mind,
The Spirit only builds;
I and you, dear,
To extend the power to the dumb,
Let's get back to ourselves
Once again from the beginning.

Everything has its own form,
Like this chaotic prediction.
The appointment I want to do,
With a charming name.
Every word says to me:
Choose me,
Choose me as a name,
While I quite accidentally
My foresight I named:
Disregard love image.

:

155

APO PANOMERA MITI YERUDO

Zvakawanda ndakaona.. zvakawanda ndakazviwana… zvakawanda ndakaziva…
—Arthur Rimbaud

Kumwewo kuresa,
Uku kuva pedyo kunotyora,
Zvavakabudirira
Uku kunokuru muti werudo,
Nhingiti dzemafuta ndinotanhwa
Kusvika kune ino nguva tirikuona.
Zviitiko zvevanhu vanotyisa,
Mwaka wepfumvudza unosimudza zita ravo;
Ini
Rudo rurikure kwauri
Iri zuva rine midzi muna Kurume
Mune mwaka wepfumvudza unouya, mwaka unopfurira wechando
Mune iwe unetariro,
Muneni ndinorima mavhesi enziyo.
Zvinhu zvose zvinofamba kunzira yazvo,
Iwe uye ini tagara kure
Kumwewo, kuresa,
Mugwagwa mukuru uri pedyo nekumba kwako,
Mazuva nohusiku hwatinoshandisa
Kamwe pamwechete,
Takadziyiswa netsvodo nemazwi
Munguva iyi yokutanga

Pokutanga patakavamba rudo rwedu
Zuva romunaKurume,
Pamwe kunge nhasi.
Zuva rakakura hwema hweAroma hwemaruva,
Parisi inoda rudo;
Zvakanaka sei, nhasi apo tasangana
Chiitiko changu chirikure,
Kudanana kwangu kwepedyo
Nomwoyo tirikutaura, neninga dzepfungwa
Kurume anorangarirwa zvakasiyana,
Apo
Rangariro ichiverenga bhuku rechinyakare chedu,
Mwaka wepfumvudza wakanaka unopfuura
Hupenyu
Mwoyo wangu unondiudza mazwi mashoma,
Ndirikuda kuda nhasi
Sezvaiita apo taidanana,
Zuva rakazvara mbeu yerudo.
Apo, kuresa
Apo tinorima muti werudo,
Tinorarama nokufa zvakanyanyisa

*Parisi musi wemakumi maviri nemaviri munaKurume gore rezviuru zviviri
negumi nenhatu, muNzira ya Voctor Hugo*

WHERE PLANTS OF LOVE GROW

Enough I saw ... enough I had ... enough I knew ...
—Arthur Rimbaud

Somewhere far away,
Where the proximity breaks,
Their milestones
Where grow plants of love,
The seeds of fats are plucked
Until this time we are seeing.
Strange peoples events,
Spring holds its name;
I
The distant love for you.
This day has its roots in March
In the spring-coming spring that follows the winter
In you who hopes for hope,
In me who sows lyrical verses.
Everything walks its way,
I and you have stayed away
Somewhere, far away,
The boulevard near your home,
The days and nights we spent
Once together,
We were warmed up with kisses and words
In the first place,
First when we started our love
The March day it was,
Maybe like today.
The sun grew the aroma of flowers,
Paris loves love;
How good, today when we meet
My distant event,
My close affair.
With heart we are talking, with soul
March is remembered differently,
While

Memory is browsing the book of our history,
The best spring passed
Life,
My heart tells me a few words:
I want to love today
As we would love,
The day we planted the seed of love.
There, far away
Where we grow plants of love,
We live and die dearly.

Paris on March 22, 2013, Avenue Victor Hugo

TIRI TEGA TINE MUMWE NOMUMWE

Tiri parukukwe
Ndinofungidzira hauendi wega,
Husiku hwakakunguruka nekusurukirwa
Asi hope hadzisi mumaziso ako
Mandiri
Mharapatsetsetse ine nzwara mushoko raYesu.
Mune mweya waganhurwa,
Ndishuvewo iwe kusavapo kwangu
Mushure mezuva rechishanu ndinofungidzira zvakawandisisa
Zvamamborume
Nzira refu muzviroto
Dzinouya kwauri
Ipapo, husiku hune hope newe
Umwe hwacho,
Tinongoda kunyorerana turugwaro

159

Mumashoko angu akanyorwa hunyanduri
Nguva yokusabvuma, yokubvunza
Shuviro
Ndaidaidza yabvanyanguka
Huya kunorara kunge kurara
Ndaiva mupoteri kunyika yako
Kunyangwezvo
Zvisingagone kuuya kwandiri husiku huno
Hatigone kubuda matiri mukati medu
Nokuti
Tine mumwe nomumwe mukati medu

IN OUR OWN WE HAVE EACH OTHER

In bed
I guess you can not go alone,
Night rolled with aloneness
But sleep is not in your eyes.
In me
The asshole has the nails in the gospel of Christ,
In the halved spirit,
Miss me your absence
Before Friday I imagine extravagance
Your prince.
Long ways in short dreams
They appear in you
While, a sleepy night with you
Another one,
We just need messages.
In my speech written in poetry
Time to disregard, to ask

Nostalgic
I call it crumpled
Come to sleep just like sleep
I was exiled to your city
Although
It does not come either to me tonight
We can not escape from ourselves
Because
We have one another in ourselves.

MUSARIDZWA

Ndirikuronda
Mawungira ekunze kwakashata
Hapana kana matsimba etsoka dzangu
Kana zvazvo zvinoratidza kunge matsimba
Ndinoenda sokukufamba. Ndiudze
Nezverwendo rwako
Kupinda munguva yakadzimaidzwa.
Hakuna kana mukana
Wokutsvaga zvisingazivikanwe.
Tichinzvanzvaridza pahupenyu,
Tasiya matsimba etsoka atiunza
Munguva ino yezviuru zvemakumi maviri nerimwe.
Nguva yasiya mamwe matsimba asingatsanangudzwe patiri.
Musaridzwa wokufamba tichipfuura nomu IIyricum,
Kupfuura nekamunyorododo kenyika kanopinda munyanza zviuru
zviviri zvemakore apfuura,
Uri chishongedzo.
Yowe tsimba dzetsoka dzangu!

161

TRACES

I'm tracking
the waves of bad weather.
No traces of my footsteps,
or whatever may look like the marks
I leave as I walk. Tell me
about the journey
into the blurred time.
There's no chance
to track down the Unknown.
Treading on life,
we left footprints that brought us
into the twenty-first century.
Time has left some unexamined marks on us.
Vestiges from a walk across Ilyricum,
across the peninsula two thousand years ago,
you are magnificent.
O these footprints of mine!

MURUME

Apo tainge taona mumvuri wake
Muviri womurume wakamubvunza
Nei aisava
Mumwe munhu

MAN

Having seen his shadow
The man's body asked him
Why he wasn't
Somebody else

TICHIDAIRA KUNE MHINDURO YAKO

Yaiva nzira yesango
Murume uyu akatora zvese neiye
Zvinofungidzirwa kuti kushuvira
Kwakasvika zvisina kufungidzirwa
Uye unotaridzisa zviroto zvako
Kune zvinotsanangura zvikuru
Kunanga kurudo

Chiiko chirikuitika
Dzimwe dzese nzira dzinoshanduka kuva
Kanzira kemazuva ose
Kasina kutyoorwa
Ndirikuroto nezvemaroto

Chiiko zvino ichi?

Saka
Kuyuwira kunokura
Mangwana achava nhasi
Wambundikidzwa muna masikati
Ndinotendera unozviziva izvi

Rangarira
Rwaiva rwendo rwomusango
Zvekumashure imari yawaniwa
Kubva kuna zuro

Kubva kuna nhasi

IN REPLY TO YOUR REPLY

It was a bushy journey
He took everything with him
It is anticipated that expectations
Arrive unexpected
And you direct your dreams
Toward more expressive things
Toward love

What's happening
All the roads turn out to be
A common path
Still unbroken
I am dreaming of a dream

What is it now?

Then
The yell grows older
Tomorrow becomes today
You're stuck in the afternoon
I believe you know it

Remember
It was a bushy journey
The Past is an earned income
From yesterday

From today.

166

Writing Language, Culture and Development, Africa Vs Asia Vol 1 by
Tendai R Mwanaka, Wanjohi wa Makokha and Upal Deb
Zimbolicious Poetry Vol 1 by Tendai R Mwanaka and Edward Dzonze
Zimbolicious: An Anthology of Zimbabwean Literature and Arts, Vol 3 by
Tendai Mwanaka
Under The Steel Yoke by Jabulani Mzinyathi
A Case of Love and Hate by Chenjerai Mhondera
Epochs of Morning Light by Elena Botts
Fly in a Beehive by Thato Tshukudu
Bounding for Light by Richard Mbuthia
White Man Walking byJohn Eppel
A Cat and Mouse Affair by Bruno Shora
Sentiments by Jackson Matimba
Best New African Poets 2018 Anthology by Tendai R Mwanaka and
Nsah Mala
Drawing Without Licence by Tendai R Mwanaka
*Writing Grandmothers/Escribiendo sobre nuestras raíces:Africa Vs Latin
America Vol 2* by Tendai R Mwanaka and Felix Rodriguez
The Scholarship Girl by Abigail George
Words That Matter by Gerry Sikazwe
The Gods Sleep Through It by Wonder Guchu
The Ungendered by Delia Watterson
The Big Noise and Other Noises by Christopher Kudyahakudadirwe
Tiny Human Protection Agency by Megan Landman
Ghetto Symphony by Mandla Mavolwane
Sky for a Foreign Bird by Fethi Sassi
A Portrait of Defiance by Tendai Rinos Mwanaka
When Escape Becomes the only Lover by Tendai R Mwanaka
Where I Belong: moments, mist and song by Smeetha Bhoumik

Soon to be released
Of Bloom Smoke by Abigail George
Denga reshiri yokunze kwenyika by Fethi Sassi

Nationalism: (Mis)Understanding   Donald Trump's Capitalism, Racism, Global Politics, International Trade and Media Wars, Africa Vs North America Vol 2 by Tendai R Mwanaka
Ashes by Ken Weene and Umar O. Abdul
Ouafa and Thawra: About a Lover From Tunisia by Arturo Desimone
A Letter to the President by Mbizo Chirasha
Litany of a Foreign Wife by Nnane Ntube
Righteous indignation by Jabulani Mzinyathi
ويَسهَرُ اللَّيلُ عَلَى شَفَتي...وَالغَمَامُ *by Fethi Sassi*
Notes From a Modern Chimurenga: Collected Stories by Tendai Rinos Mwanaka:
Tom Boy by Megan Landman
My Spiritual Journey: A Study of the Emerald Tablets by Jonathan Thompson

https://facebook.com/MwanakaMediaAndPublishing/

168